3 孙刘联盟

王光波 编著

浙江工商大学出版社
·杭州·

图书在版编目（CIP）数据

三国/王光波编著.—杭州：浙江工商大学出版社，2022.1（2024.1重印）

（有料更有趣的朝代史/胡岳雷主编）

ISBN 978-7-5178-3869-2

Ⅰ.①三… Ⅱ.①王… Ⅲ.①中国历史—三国时代—通俗读物 Ⅳ.① K236.09

中国版本图书馆 CIP 数据核字（2020）第 083085 号

三　国
SAN GUO

王光波　编著

责任编辑	陈力杨　张晶晶
责任校对	李远东
封面设计	吕丽梅
责任印制	包建辉
出版发行	浙江工商大学出版社

（杭州市教工路 198 号　邮政编码 310012）

（E-mail: zjgsupress@163.com）

（网址：http://www.zjgsupress.com）

电话：0571-88904980，88831806（传真）

排　　版	北京东方视点数据技术有限公司
印　　刷	唐山富达印务有限公司
开　　本	787mm×1092mm　1/32
印　　张	28
字　　数	532 千
版 印 次	2022 年 1 月第 1 版　2024 年 1 月第 3 次印刷
书　　号	ISBN 978-7-5178-3869-2
定　　价	198.00 元（全四册）

版权所有　侵权必究

如发现印装质量问题，影响阅读，请和营销与发行中心联系

联系电话　0571-88904970

目 录

第一章 江东固权：孙权不是好惹的

是我的就是我的 _ 003

惹我你就死定了 _ 009

鲁肃是个"远视眼" _ 015

别吵我，我还在犹豫 _ 022

周帅哥来了 _ 027

第二章 赤壁之战：鲜血染红的前途

曹操与血吸虫病 _ 035

各有各的"降龙十八掌" _ 041

子衿代表我的心 _ 047

不睡觉的蒋干 _ 053

周帅哥点火 _ 059

第三章 巧借荆州：借东西的都是老大

先把夷陵围起来 _ 069

四郡入手，我很欣慰 _ 075

带病坚持工作 _ 081

都是枭雄谁怕谁 _ 087

荆州先借用一下 _ 093
其实你不懂我的好 _ 099
个个都是美少年 _ 105

第四章　权力为王：一切尽在阿瞒的掌控中

被"小毛贼"算计了 _ 113
打回西凉去 _ 119
高位不是那么好拿的 _ 126
偷个国家玩玩 _ 132
就是要你死 _ 139
曹丕出头了 _ 146
老曹，我们都反你 _ 154

第五章　进军益州：在别人的土地上写自己的发家史

益州是块好地方 _ 163
养只老虎当宠物 _ 171
两兄妹的计谋 _ 178
两个死对头 _ 184
怪我眼瞎看错了人 _ 189
凤落落凤坡 _ 195
成都是我家 _ 200
你的就是我的 _ 206
鲁肃的单刀会 _ 213

第一章

江东固权：孙权不是好惹的

是我的就是我的

孙策占据江东以后，可谓意气风发，人称小霸王，乱世之中，可谓群雄中的佼佼者。有勇有谋的孙策占据江东以后，并不打算止步不前，野心勃勃的他，妄图争夺天下。这一计谋，对于备受拥护而有谋略的孙策来说，不是傲世轻物。

时曹操正与袁绍酣战，为防止腹背受敌，曹操事先将孙策安抚妥当，并与孙策结成姻亲关系。但是，利益面前，亲父子、亲兄弟尚且反目为仇，曹操的如意算盘没有打响。孙策见曹操许都空虚，便想抓住这天赐良机，偷袭曹操大本营许都，而与此同时，袁绍也派来了使者，打算与孙策里应外合夹击曹操。

孙策袭击许都的消息传来，曹操又惊又怒，兵力不足，本就与袁绍力量悬殊，此时又有孙策来袭，孙策不比袁绍，智勇兼备，更是一大祸患。但是曹操的谋士郭嘉却不以为然，"策新并江东，所诛皆英豪雄杰，能得人死力者也。然策轻而无备，虽有百万之众，无异于独行中原也。若刺客伏起，一人之敌耳。以吾观之，必死于匹夫之手"(《三国志·魏书·郭嘉传》)。

孙策的弱点就是恃勇无备，这一弱点被郭嘉一语点破，正应验了郭嘉这句话，孙策的大军还没有北上出发，孙策就由于自己的疏忽而遭遇了不幸。

汉献帝建安五年（公元200年），孙策意气风发，骑马去打猎，孙策一人快马在前，后面的随从逊色几分，根本无法跟上孙策的步伐。行至茂林处，孙策见一麋鹿，心中不免喜悦，便放松了警惕。茂林中有三个人，正目不转睛地望着孙策，悄悄弯弓上箭，瞄准孙策，三人齐发，孙策正一心一意追赶麋鹿，根本来不及躲闪，仓猝之间，面颊中箭。

孙策手捂面颊，剧痛传来，后面的随从这时赶到，将这三名刺客抓获，经审问，乃知这三人均是许贡的门客，因孙策杀其主公，便潜伏至此，以伺机报仇，许贡与孙策之嫌隙说来久矣。

许贡，吴郡太守，一度依附于刘繇。时孙策在袁术手下当值，袁术命孙策经营江东，孙策入江东，先是平定刘繇，又占领吴郡。许贡身不由己只能听凭孙策指挥，但是表面笑脸相迎的许贡，对孙策并不是真正臣服，口服心不服的许贡伺机向朝廷发去了密函，指责孙策有逆反之心，又兼勇气可嘉，谋略有余，若是任凭壮大，必然养虎为患，为祸朝廷。

许贡与朝廷的密函被孙策截获，孙策表面不露声色，却不料许贡变本加厉，多次与朝廷密谋，并提议将孙策唤回朝廷，严加监视，以绝后患。是可忍，孰不可忍，孙策毕竟是有计谋之人，仍不漏风声，以要许贡议事为由，将许贡唤来，将其杀害。

许贡虽死，但是，孙策与许贡的恩怨却没有随之而去。许贡惜才，爱好招揽有才之士，门下食客多可罗雀，许贡平日对门客也是敬畏有加。许贡死后，这些食客自然不满孙策，时时想为旧主报仇，因此趁孙策打猎之机，埋伏茂林，伺机刺杀，终于为许贡报仇雪恨。

许贡手下这三名门客，为主报仇，虽杀孙策，却也葬送了自己的生命。可以想象，在他们行动之前，就应当已经想到了这样的命运，但是他们仍旧义无反顾，就算是搭上性命也在所不辞。所谓士为知己者死，他们的死就恰当地印证了这句话。许贡能得此殊荣，况又有孙策相陪，在泉下也该瞑目了。

因箭上有毒，孙策中箭以后，自感将不久于世，就将弟弟孙权唤至床前，交代后事，将东吴之事交于孙权，并言，"举江东之众，决机于两阵之间，与天下争衡，卿不如我。举贤任能，各尽其心，以保江东，我不如卿"，孙策一语道破了二人优劣。这年孙权十七岁，承担起了保江东的大业。孙策临死前，交代了东吴以后的发展方向"中国方乱，夫以吴、越之众，三江之固，足以观成败。"并将群臣唤至身边，诚恳而艰难的刀，"公等善相吾弟"(《三国志·吴书·孙讨逆传》)。群臣见如此，莫不为之惋惜，均让孙策宽心。是夜，孙策去世，年仅二十六岁，可谓天妒英才，英年早逝，唯有高唱"出师未捷身先死，长使英雄泪满襟"了。

孙权临危受命，继承父兄大业，成为东吴新主。孙权，字仲谋，生得相貌非凡，紫髯碧眼，嘴巴硕大，其形貌不与常人同。孙权自幼习武，又熟读各家经典，多方涉猎，可谓文韬武略，智勇双全。孙权自幼跟随父兄南征北伐，虽不能以久经沙场来形容，却也是履历丰富。其父死后，孙权跟随孙策左右，出谋划策，常常能够语出惊人，让孙策不禁称奇，甚是看好他。

后孙策为锻炼孙权，以望他早日成才，便将一县交给他管制，孙权时年十五岁。孙权性格开朗，不以尊为恃，又有容人之量，虽年幼，却已经建立起了威望，将一县治理得井井有条，不负孙策之望。

创业与守业自古是一个备受争议的话题，至于创业难还是守业难，众说纷纭，但是毋庸置疑，创业难，守业也不易。

孙权父兄打下了江东之地，孙权承担起守业的重任，初任江东，孙权倍感吃力，因基业尚未稳固，而鞭长莫及之地，又多不服，江东豪族不甘居于一个毛头小子之下，反抗之声此起彼伏。

诚如孙策所说，孙权有守业之能。孙权比之其兄，略显优柔寡断，当断不能断，犹豫迟疑之时，往往错失良机。而年轻人所具备的拼搏精神在孙权身上也逊色几分，闯劲不足，这就形成了他甘守父兄基业，而不能有所拓展。

孙权所具备的才能让其成为一个守业之主，首先他能够知人善任，举贤任能，虽生于富贵之家却能够体会民间疾苦，对手下、对百姓和颜悦目，不以威严相逼，甚得人心，人心归附便不成问题。孙权为巩固其统治根基，在用人上下了一番工夫，首先对孙策旧臣仍予以重任，待他们极厚，虽是他们的顶头上司，却仍怀着谦卑心态，虚心请教，真正做到不耻下问。

周瑜是孙策手下的一个重臣，见识非凡，颇有谋略，孙权对他"言必行，计必从"，周瑜感激孙权的知遇之恩，知无不言，言无不尽，将孙权当做至亲，以肝脑涂地之信念为孙权效忠。后周瑜提出招贤纳士之计，孙权欣然采纳，广纳贤士，并诚心相待，善用之，甚得文武之心，个个殚精竭虑为他效劳。

孙权凡事谨慎，每有大事，必然多方听取意见，鲜少刚愎自用，更不会一意孤行，这种谨慎自然有利有弊，群臣均可各抒己见，孙权从来都是捍卫每一个臣子说话的权利，综合群臣所抒，孙权拿定最后主意，这样的谋断，自然含金量就高，万无一失之几率也大。但是，谨慎却也会常常让人迟疑不决，计谋难以早日定下，若是事态紧急，则会贻误时机。孙权在稳固统治之时，也不忘注重发展生产，养精蓄锐，富国强兵。其主要作为乃是效仿曹操，实行屯田，屯田制让大片土地得到开发，士卒闲时耕作，忙时作战，做到两不误，增加了粮食仓储，为战事储备了足够的粮草。

当然，在孙权大力整顿内政，发展生产的同时，也不忘军事行动与外交活动，三伐黄祖，联刘抗曹，乃是其在守业之余，纵横捭阖，力图建立东南霸业的努力。

惹我你就死定了

父兄之仇一直是孙权心头一块病，时刻不忘为父兄报仇，孙权稳固江东以后，便打定主意西征黄祖，以雪家耻。

关于孙坚之死，史书有记载，"坚悉其众攻表，表闭门，夜遣将黄祖潜出发兵。祖将兵欲还，坚逆与战。祖败走，窜岘山中。坚乘胜夜追祖，祖部兵从竹木间暗射坚，杀之"。时孙坚尚在袁术手下任职，袁术命孙坚攻刘表，取荆州。孙坚带领手下所有士卒，准备一举攻下，刘表派黄祖迎战，黄祖佯败，落荒而逃，孙坚不知是计，穷追不舍，却中了黄祖的圈套，行至竹林被黄祖射杀，这年是东汉初平三年（公元192年）。

孙策之死，是为许贡手下刺杀，许贡与黄祖关系密切，许贡一度依附于黄祖。许贡已死，孙权便把这仇恨转嫁于黄祖身上，也不为过。

黄祖此人，在狂人祢衡一节中有提及。祢衡狂傲，动不动就将人骂得狗血淋头，经好友孔融推荐给曹操，曹操不能容，但又不愿意背负杀名士之罪名，闻刘表好士，便将其遣送到刘表处。祢衡乖张几日，本性大露，刘表愤恨，但刘表也不是愚昧之人，便起借刀杀人意。刘表将祢衡转送黄祖，黄祖性情暴躁，以祢衡之个性，刘表是将其推入了火坑。从黄祖杀孙坚，到杀祢衡，可见黄祖虽有些谋略，但与曹操、刘表相比，却明显不足。黄祖杀父，许贡门生杀兄，这份血债，孙权早就憋在心里，想一报为快。

汉献帝建安八年（公元203年），孙权率领大军亲征黄祖，破黄祖船只，入江夏，但是天有不测风云，孙权正一鼓作气之时，后院起火，山越人时时骚扰，政权岌岌可危，孙权迫不得已，江夏未破而还。此次征黄祖不成，但是孙权锐不可当的气势，让黄祖仍旧心有余悸，在士气上已经居于下风。

山越人是战国时期越国的后代，被楚国灭亡以后，四处逃亡，有些逃至山地，被称为山越人，秦汉时期称为百越，散布安徽、湖南、江西、浙江、福建一带山区。山越人利用山地条件，种植五谷杂粮，自给自足，并逐渐学会了铸造兵器，形成了一支自己的武装力量。山越人长期在山上生活，造就了他们骁勇善战的性情与体格。后来一些外地人因不甘心承担苛捐杂税，就逃亡此地，与山越人结合，形成了一支庞大的队伍，常常伙同山越人下山骚扰。

孙吴不胜其扰，曾多次派兵镇压，但是面对此起彼伏的骚扰，镇压收效甚微。山越人劫掠而走，又凭借山地险峻条件为依托，易守难攻，令孙权实在是头疼。此次，山越人借孙权西征黄祖之机，前来骚扰，让孙权忍无可忍，山越不除，就难以安心对外用兵，必须解除这个后顾之忧。

孙权领兵归来，便即刻准备出兵山越，听从谋臣鲁肃建议，以镇压为主，安抚为辅。孙权举重兵，以大将吕范、程普、太史慈、韩当、周泰分头行动，目标直指山越人首领，所谓射人先射马，擒贼先擒王。五员大将各领一支军队，对山越形成包围之势，包围圈随着行军越来越小，这天罗地网，除非能够飞天遁地，谅他也逃脱不了。

山越首领无飞天遁地之功，被抓获。首领既被抓，孙权将山越人纳入自己的统治之下，将年轻力壮之青年编入军队，余者则从事农业生产，并给予技术上的支持，减免赋税，山越人生活无二至，便也安心。

孙权倾全力解决了山越人这一后顾之忧，对外用兵有了保障。孙权兵锋一转，再次指向黄祖。汉献帝建安十二年（公元207年），孙权第二次领兵西征黄祖，其实在此之前，黄祖已经伺机而动，打着先下手为强的主意，出兵柴桑，但是被孙权大将周瑜击退，捕获黄祖将领邓龙，这年是汉献帝十一年（公元206年）。

孙权二次出兵，俘获了黄祖的众多臣民百姓与粮草，虽胜利而回，却没有抓到黄祖，占领江夏。毕竟是远道而去，士卒疲惫，多日攻城不下，军中已经升起厌战情绪，如此僵持下去，对孙权并没有好处，因此撤兵。

两次征讨，小有成就，但是孙权目标不只在此，他要灭黄祖，占江夏。汉献帝建安十三年（公元208年），孙权第三次对黄祖用兵，恰在此时，黄祖手下将领甘宁来投，孙权喜不胜收，十分器重他。

甘宁，字兴霸，好义气，年少时便表现出其不同寻常之处，曾在乡里组织一支青年队伍，自认首领，身配铃铛，四出游荡，打家劫舍，成为乡里远近闻名的不良少年，被人以贼相称。但是甘宁所劫多为仗势欺人之豪强，更以劫财救济百姓。仗着年轻气盛，多有义气之交，随着年龄的增长，甘宁思想也在发生变化。劫掠之事鲜有发生，甘宁也开始与书为伴，钻研诸子百家之学，心中萌生了要有所作为的想法。

时刘表占据的荆州颇为繁华，甘宁见刘表能在这乱世之中铸造出如此一片世外桃源，对刘表很是佩服，便率领手下八百名年轻力壮之士前去投奔。刘表一向以儒士自称，奉儒家礼数，见甘宁少时为贼，就颇为看不上眼，就让其驻守南阳。

随着心智的成熟，甘宁对刘表也看得更透了。刘表胸无大志，更对用兵无甚精通，只是死守荆州，所谓不进则退，刘表如此想法，只能坐以待毙，被有雄心壮志之英雄吞并。甘宁不得重用，又见刘表无雄心，便萌生了另投他主之心。恰逢江东孙权正招贤纳士，众多有志之士纷纷前去投奔，甘宁便决定前去投奔孙权。

甘宁领兵一路南行，行至夏口时，被拦住，不得通行。甘宁无奈，便暂且依附了时任江夏太守的黄祖。甘宁虽改头换面，不再是以前的不良少年，但是心中侠义之气尚存，见黄祖收留，便忠心耿耿、死心塌地为黄祖效劳，多次救黄祖于水火之中，对黄祖有救命之恩，更是立下了汗马功劳。但是，对于甘宁所做的这一切，不领情的黄祖并没有因此感恩戴德，反而始终心存戒备，害怕甘宁匪气显露，而做出不忠不义之事。

黄祖手下将领苏飞平素与甘宁交好，多次向黄祖推荐甘宁，甘宁仍不得重用。苏飞见甘宁忧愁苦闷，心绪不宁，知甘宁已有去意。苏飞怜甘宁无用武之地，便向黄祖提议将甘宁任职邾长，邾在今湖北黄冈西北。甘宁见苏飞明了自己心意，更为自己谋好出路，感激涕零，带领一支亲兵，去邾上任，却转而投奔了孙权。

甘宁投奔孙权以后，更坚定了孙权出兵黄祖的信心。孙权对甘宁十分器重，待他与旧臣无异。甘宁感恩孙权的知遇之恩，知无不言，言无不尽，又献上计谋，"祖今年老，昏耄已甚，财谷并乏，左右欺弄，务于货利，侵求吏士，吏士心怨。舟船战具，顿废不修，怠于耕农，军无法伍。至尊今往，其破可必"（《三国志·吴书·甘宁传》）。

孙军入夏口，黄祖仓促应战，一场水战拉开帷幕。黄祖命陈就打先锋,却被吕蒙所破,孙权兵分几路,齐而攻之,黄祖命士卒站于船上,准备用弓箭射击孙权船只,却不料箭未射,孙权率领各路将领已经到眼前,其迅雷不及掩耳之势,让人惊畏。

黄祖见抵挡不过,只能连连撤退,却被冯则追上,斩了头颅。夏口已破,孙权凯旋。仇已报,恨已雪,孙权在江东根基更加稳固了。孙权意气风发,曹操大军却一路南下,成了新的隐患,真是一波刚平,一波再起。

鲁肃是个"远视眼"

战乱频发，总有不测风云，福祸总在旦夕之间转换。鲁肃在临淮柬城逍遥快活的日子没有持续太久，战争的火焰就烧到了鲁肃的家乡。鲁肃被迫背井离乡，远走他地，因其名望颇大，跟随鲁肃而走者有三四百人。

鲁肃率领众人到达东城，东城乃是袁术管辖地，此地沃野千里，民富兵强，是个避难的宝地。金子到哪里都会发光的，鲁肃到此地后，声名鹊起，很快就将名气打响了。袁术闻鲁肃大名，又见其心怀大志，便去拜访他，任其为东城之主。鲁肃辞而不就，他不是没有入仕之心，只是他通过观察，发现袁术军备松弛，法度废弃，实难以成就大事。他的先见之明很快就得到了证实，袁术之小霸瞬间被推翻。此地不宜久留，鲁肃率领众人再次南迁。鲁肃好友周瑜此时正在居巢任职，鲁肃不顾袁术阻拦，率领追随者前去投奔。

袁术见阻拦不成，就派追兵阻拦，鲁肃对追兵晓之以理，动之以情，使得他们打消了继续追赶的念头，鲁肃带领追随者离开东城，顺利到达居巢，周瑜以礼相待。鲁肃与周瑜日益深交，均被彼此的才智所折服，成为管鲍之交。无几，周瑜闻孙策招贤纳士，便去投奔。周瑜劝鲁肃一同前往，施展才华，干一番大业。鲁肃见孙策年纪轻轻便已经占据江东，有初生牛犊不怕虎之势，前途不可估量，便欣然同往。

鲁肃将家人安置在曲阿，便与周瑜南行，渡过长江，投奔孙策去了。孙策见鲁肃，对其智谋非常赏识，留为重用。但是，鲁肃在此还未站稳脚，曲阿就来了噩耗，鲁肃祖母去世，古人非常注重孝字，况且鲁肃自幼丧父，颇得祖母教诲，鲁肃虽想留此大展宏图，但是，这将让他情何以堪？鲁肃马不停蹄往曲阿赶去，孙策不便强留，任他离去。

办理完丧事，又是守丧，鲁肃这一守，就守到了孙策去世。鲁肃的好友刘子扬，想去投奔郑宝，郑宝乃是江东新主孙权的手下，欲邀请鲁肃一同前往，便对鲁肃说，"近郑宝者，今在巢湖，拥众万余，处地肥饶，庐江间人多依就之，况吾徒乎？观其形势，又可博集，时不可失，足下速之"。鲁肃犹豫不决，拿不定主意，便向周瑜征求建议，周瑜义正词严，劝鲁肃前去投奔，"昔马援答光武云'当今之世，非但君择臣，臣亦择君'。今主人亲贤贵士，纳奇录异，且吾闻先哲秘论，承运代刘氏者，必兴于东南，推步事势，当其历数，终构帝基，以协天符，是烈士攀龙附凤驰骛之秋。吾方达此，足下不须以子扬之言介意也"（《三国志·吴书·鲁肃传》）。

鲁肃听从好友建议便与刘子扬前去投奔，后经周瑜推荐，鲁肃到孙权手下当值。孙权正求贤若渴，对鲁肃推崇至极，见他这样的贤良来投，自是重用。两人相见甚欢，促膝长谈，于是"榻上策"应运而生。这日，孙权会见宾客，等宴席结束，孙权将鲁肃留下，二人对坐榻上，再次同欢共饮。当然，孙权留鲁肃之意并非只是饮酒作乐，酒到兴起之处，孙权将话题转入正轨。孙权望向鲁肃，非常诚恳地问道，"今汉室倾危，四方云扰，孤承父兄余业，思有桓文之功。君既惠顾，何以佐之？"（《三国志·吴书·鲁肃传》）孙权其意乃是效仿齐桓公、晋文公成就一方霸业，请鲁肃给予建议。

见孙权诚恳，鲁肃毫不含糊，将心中酝酿已久的想法悉数说与孙权，鲁肃深刻分析局势利害，以独到的视野和先见之明，料到汉室在曹操掌握之中，刘氏江山定不可恢复，而曹操手握重兵，除去他实在是不易。现下北方多有战乱，曹操与袁绍打得火热，一时之间无暇南顾。孙权占据江东，可以趁此时机，巩固江东，北征黄祖，占据江夏，以此为据点，占领荆州，步步为营，最后建立霸业。

北方袁绍曾派来使者，邀孙权共同抗曹操，但是，鲁肃认为不可，依北方之形势，俨然已经是曹操的天下，要除去曹操不是一蹴而就之事，若是助袁绍，一旦失败，那就与曹操结下深仇大恨，曹操必定举力灭之，这反倒是得不偿失。

孙权对鲁肃的高见赞不绝口，但是孙权却不太实在，隐藏了其野心，只是无比感慨地说道，"今尽力一方，冀以辅汉耳，此言非所及也"。(《三国志·吴书·鲁肃传》)但是不管怎样，孙权与鲁肃的此次会谈对孙氏集团的今后发展走向至关重要，观孙氏集团以后的发展，确实是依照了这一发展模式，只是，孙氏没有走到最后一步，就一命呜呼，在感慨之余也不禁为鲁肃之谋略所折服。

鲁肃的"榻上策"与诸葛亮的"隆中对"似有异曲同工之处，均是两个运筹帷幄之士，在纵观全局，基于当时形势下，得出的实事求是而又非常有先见的结论。"榻上策"与"隆中对"均成为两国的基本定国之策，"隆中对"使得刘备在落魄之中，崛起于荆州，立足于西蜀。而"榻上策"则使得孙权稳坐江东，又夺荆州，划江而治。

孙权对鲁肃之谋略非常佩服，政务之事，常听鲁肃建议，又常以厚礼赐予鲁肃。而对鲁肃的器重竟让朝中其他大臣心怀嫉妒，张昭就曾在孙权面前多次指责鲁肃不是，劝孙权要慎用之。孙权笑而纳之，但是对鲁肃的器重却依然如故。

在"榻上策"的指导下，孙权安抚山越，三伐黄祖，夺得夏口。夏口是江夏的门户，而江夏又是荆州的门户，夺得夏口，江夏唾手可得，夺得江夏，荆州指日可待。不过此时，曹操的大军已经兵下江南。

曹操与袁绍尚在对峙，本来是无暇顾及孙氏集团的。孙策在世时，曹操就以安抚之策，防止孙氏在背后插一刀，因此，对孙氏大为放任，不曾多加限制。但是，养虎为患的道理，曹操也是深有体会，当日放走刘备，就留下了无穷的后患。孙氏占据江东，眼见一日一日做大，若是再不加限制，恐怕，就是第二个刘备了。

现下，孙权攻取江夏，恐怕下一个目标就是荆州了。荆州是一块肥肉，曹操早就觊觎已久，曹操绝对不允许旁人沾手。汉献帝建安十三年（公元208年），曹操派兵南征，屯兵于南阳。

解决完北方袁绍势力以后，曹操领兵南下，南方战事升级，曹操以不可抵挡之势入江南，刘琮投降，刘备战败。在江南势力之中，孙权成了佼佼者，刘备向孙权伸出了橄榄枝，"会猎江夏，共伐曹操，同分土地，永结共好"。此言论一出，一石激起了千层波浪，孙氏集团内部起了争端，大体分为两派，一派主张联刘备抗曹操，一派主张投曹操抗刘备，围绕此，孙氏集团内部展开了一场激烈的争论。

同年八月，刘表病死。鲁肃向孙权提出了联刘抗曹的策略，并且提出代表孙权去荆州吊丧，了解情况。孙权批准了他的请求。

鲁肃刚到夏口，闻曹操已向荆州进兵。鲁肃日夜兼程，等他到了南郡，刘表的儿子刘琮已经献出荆州降曹，刘备准备南撤渡江。鲁肃当机立断，去找刘备。在当阳长阪（今湖北当阳境内），鲁肃与刘备相遇。鲁肃说明了孙权派自己来的使命，然后和刘备共论天下形势，并问刘备准备到哪里去。刘备说想去投奔苍梧太守吴巨。鲁肃说吴巨是个没有作为的庸人，劝刘备不要去依靠他。接着，他详细述说孙权的情况和江东的实力，劝刘备与孙权联合，共拒曹操。刘备听了鲁肃的分析，决定并力抗曹。刘备率部进驻夏口（今湖北汉口），派诸葛亮随鲁肃去柴桑（今江西九江西南）会见孙权。

孙权得知曹操准备渡江东侵，召集众位将领商议，将领们都劝孙权降曹。唯鲁肃不发一言。孙权起身入厕，鲁肃跟到屋檐之下。孙权知他要单独表述意见，就拉着他的手说："卿欲何言？"鲁肃回答说："向察众人之议，专欲误将军，不足与图大事。今肃可迎操耳，如将军，不可也。何以言之？今肃迎操，操当以肃还付乡党。品其名位，犹不失下曹从事，乘犊车、从吏卒、交游士林、累官故不失州郡也。将军迎操，欲安所归？愿早定大计，莫用众人之议也。"孙权听完，叹息道："此诸人持议，甚失孤望；今卿廓开大计，正与孤同，此天以卿赐我也。"（《三国志·吴书·鲁肃传》）

时周瑜正在外地，鲁肃劝孙权将他召回。周瑜归来，更坚定了孙权的抗曹决心。孙权授权周瑜，让他主持战事，任命鲁肃为赞军校尉，帮助周瑜运谋划策。终于在赤壁大败曹兵。

大战结束，鲁肃先行归来。孙权聚集众将，大张旗鼓地迎接他。鲁肃进殿拜见孙权，孙权起身向他示敬，并对他说："子敬，孤持鞍下马相迎，足以显卿未？"鲁肃趋前几步，摇头说："未也。"众人闻之，无不愕然。鲁肃就座后，才徐徐举鞭说："愿至尊威德加乎四海。总括九州，克成帝业，更以安车软轮征肃，始当显耳。"(《三国志·吴书·鲁肃传》)孙权听后，开怀大笑。此后愈加倚重鲁肃，把他称作自己的邓禹。

别吵我,我还在犹豫

孙策与孙权二兄弟齐心协力将江东打理得井然有序,兄死弟及,全然没有因为权力而起争端。"孙权虎踞六郡,兵精粮足,又极敬贤礼士,江东英雄多归附。"与此相反,荆州的刘表在继承人问题上迟疑不决,死后,他的两个儿子刘琦与刘琮为争夺继承权而不休不眠,此种差异,后果非常严重。

荆州是块宝地,富庶不说,就其地理位置而言就足以成为兵家必争之地。曹操盯着,孙权惦记着,刘备眼馋着,而刘氏兄弟却全然不顾外患,内部起了争端。

刘表病死以后,鲁肃的远见卓识就表现出来了。鲁肃深谋远虑,在"榻上策"之时就已经将荆州纳入战略目标,刘表病死,刘氏兄弟不和,此时恰是一个得之的大好时机。但是,当务之急却是抗曹。曹操拒袁绍,统一北方,实力大增,入江南,是下一个目标。此时，曹操的大军已经往荆州而来，以其实力，横扫江南大有可能。若是如此，便没有他人立足之地，鲁肃以其谋略看准了刘备。刘备虽寄于刘表篱下，却心怀野心，刘备在荆州甚得士民之心，成为一支新势力，归附者不在少数，又与曹操积怨已久，若是能够与刘备结盟抗曹，便可以共抗曹操。

鲁肃的谋略可谓是高瞻远瞩，他提出的联刘抗曹主张，看清了当时的形势，分清了敌我情形。当时，曹操北定中原，力量虽大，却也不是天下无敌，鲁肃纵观天下，可以与之相抗衡的两支力量，一是寄居荆州的刘备，一是盘踞江东的孙权。若是能将这两股力量联合，打败曹操不是梦想。

孙权见其思虑周详，又听他主动请缨，担负起联络刘备之重任，大敌当前这不失是一个好法子，便批准了鲁肃的请求，让鲁肃以吊丧为名前去探视一下刘备的想法。孙权当即为鲁肃置办好行囊，多番叮嘱，送鲁肃过江去了。鲁肃日夜兼程，唯恐曹操先下手为强，不出几日鲁肃就到了夏口，却见那荆州一片混乱，一打听，鲁肃不禁感慨，还是来晚了一步，曹操已经抢先入荆州，刘琮率领众臣举城投降。再看刘备，他已经兵败往江陵方向逃奔，真是天不遂人愿。面对一片混乱的局面，鲁肃片刻便冷静下来，既是如此，曹操入荆州，形势更加危急，必须尽早寻得刘备，商讨抗曹大业。鲁肃当机立断，也不做停留，将吊丧之事放置一边，快马加鞭，只身一人往江陵方向而去。

鲁肃昼夜不停，一路打探，不辞辛劳，皇天不负有心人，鲁肃终于在当阳遇到了刘备，此时的刘备刚经历了一场生死大战，身心疲惫，狼狈不堪，幸得关羽从刘琦处请来救兵，才使得刘备免于一死。他见刘备之落魄，心中不免一喜，心中的胜算更大了一分。刘备在关羽与刘琦的保护下，退守江夏。鲁肃的到来，让众人来了兴致，刘备即刻从战败的阴霾中清醒，投入到下一轮的备战中。

聪明如刘备，鲁肃话未说，已经猜到了他的来意，鲁肃此次前来，吊丧是假，观变是真，心中不免欣喜。但是刘备何等狡猾，面不露声色，只等鲁肃说明意图。大人物见面，自是先要寒暄一番，然后话入正题，鲁肃将自己来意说明，却闻刘备正要去投奔好友吴巨，这吴巨乃是苍梧太守，与刘备是故交。

刘备此言并非本意，只是想要对孙氏集团摆出一个欲拒还迎的姿态罢了。鲁肃心中一凉，这还了得，刘备一走，抗曹之事不就没戏了？鲁肃苦口婆心，分析天下大势，又言孙权之实力，刘备仍不露声色，心中却已经有了主意。刘备势单力薄，抗曹倍感吃力，此时有孙权主动来求和，正合刘备心意。鲁肃阅人无数，却始终看不出刘备的心思，心中不免感叹，刘备喜怒不形于色，确实有成大事之谋略。刘备思量片刻，便以深思后再做决断，打发鲁肃前去休息了。

刘备将鲁肃送出，留下诸葛亮议事，在刚刚的交谈中，诸葛亮虽一言不发，但鲁肃越说，诸葛亮心中越发高兴，这正合其心意，与其所想不谋而合。刘备与诸葛亮二人长谈，最后定下了结好孙权策略之细节。诸葛亮深感鲁肃之才智，更与他谈论天下大势，二人在众多之处所见略同，不免彼此互相推崇一番。诸葛亮与鲁肃在众多见解中的相似，成为影响以后蜀国与吴国发展的重要因素，两国在今后能够保持长期的合作关系，多依赖于二人的坚持。

鲁肃与刘备、诸葛亮达成一致意见，刘备便派诸葛亮与鲁肃一同去会见孙权，此时，孙权正屯兵柴桑，柴桑即将经历着一场辩论大战，关乎江东生死。曹操此时可谓春风得意，招降刘琮，击溃刘备，一路南下，势如破竹，基本上没有遭到什么抵抗，江陵被收入囊中以后。曹操趁此士气，横扫荆州，江南四郡，荆州八郡全部落入曹操之手。占有西蜀富饶之地益州的刘璋也向曹操暗送秋波，时不时供应粮草，遣送物资，这无异乎是表明了姿态。踌躇满志的曹操野心勃勃，将矛头直指江东。

观天下，已经多半在曹操手中，曹操知孙权乃识时务者，便给他送去了结盟信，"近者奉辞伐罪，旄麾南指，刘琮束手。今治水军八十万众，方与将军会猎于吴。"曹操的来信，令群臣莫不"响震失色"，孙权正与诸葛亮、群臣探讨抗曹之事，曹操却恰在这时送来了结盟信，说是结盟，其实明眼人一看就是招降信，孙权犹豫了，读信，观曹操实力，孙权畏惧了。

孙刘结盟的谈判面临着遭遇夭折的危机，结盟之事暂时中断，诸葛亮被置之高阁，所处情形极其尴尬，所幸，鲁肃与周瑜仍旧坚持联刘抗曹，此事似乎还有转机。越是在这危难之中，越能够体现一个人的谋略，面临困难重重，诸葛亮没有拍屁股走人，仍旧坚持着。

面对曹操的招降，群臣慌作一团，孙氏集团出现了两大阵营，一派以鲁肃、周瑜为代表，主张联刘抗曹，一派以张昭为首，主张接受曹操的招降，共同攻打刘备。两大阵营围绕投降曹操，还是联合刘备共同抗击曹操，展开了激烈的争论。

张昭为首的群臣乃是惧曹派，力陈曹操不可破，东吴只有面临着灭亡一条道路，战而亡，不若不战而亡，"曹公豺虎也，然托名汉相，挟天子以征四方，动以朝廷为辞，今日拒之，事更不顺"，"曹水陆俱下，此为长江之险，已与我共之矣。而势力众寡，又不可论"。在关乎江东生死的时刻，降曹派想以讨好曹操，保存自己的实力，但是这多是站在自身角度而言，并不在乎江东政权之生死。

孙权自是不愿意将江东拱手送人，但是形势逼人，曹操八十万大军，如此庞大，就算是孙刘联军能否与之相抗衡仍旧是个未知数，孙权犹豫了，抗曹的信念动摇了。眼见鲁肃一言不发，孙权知其必定已经有了谋略。

周帅哥来了

曹操将刘备打得落荒而逃,兵不血刃,轻而易举拿下江陵。江陵乃是荆州的战略要地,拿下它再取荆州就如探囊取物,不费吹灰之力,曹操一鼓作气,气势如虹,横扫荆州,直逼江东。曹操军威大振,意气风发,似有无坚不摧之势。曹操先给孙权送去了一封结盟信,意图招降孙权,信中口气极大,其意乃是给孙氏集团以气势上与心理上的压力,以成不战而胜之局面。

曹操一封与孙吴永结同好的书信,犹如一颗地雷,在孙氏集团内部炸开了。孙权见信,霎时惊恐,此刻他正与诸葛亮商讨抗曹之事,聊得正起兴,诸葛亮分析了江东兵力与曹操兵力的力量对比,孙权听了诸葛亮所言非常高兴。但是,这一刻,见识了曹操的能力,孙权犹豫了。曹操的气势猛如虎,以江东之实力,即便是联合刘备也恐怕是难以抵抗。孙权迟疑了,心中抗曹的信念动摇了，事情的发展太出乎意料。孙权当机立断，立即中断与诸葛亮的谈判，召集文武诸臣探讨此事。

当时江东的臣子当中以张昭最为重要。张昭，字子布，彭城（今江苏徐州）人。早年十分好学，少年时就博览群书，同琅琊赵昱、东海王朗等人在当地很有名气。在孙策时期更是成为了相当重要的一位臣子。陈寿在《三国志》当中曾经这样评价张昭，"功勋克举，忠謇方直，动不为己；而以严见惮，以高见外"。孙策本人更是曾经说："昔管仲相齐，一则仲父，二则仲父，而桓公为霸者宗。今子布贤，我能用之，其功名独不在我乎！"可见其是一位具有相当才华的人物。

孙策在临终的时候将孙权托付给了张昭，希望他能够尽心辅佐。张昭也确实是忠实地完成着孙策赋予自己的这样一项重要的使命。在面对孙权的时候能够直言相谏。曾经有一次孙权和一帮臣子在饮酒作乐，张昭就曾直接进言："昔纣为糟丘酒池长夜之饮，当时亦以为乐，不以为恶也。"（《三国志·吴书·张昭传》）直接让孙权下不来台，但孙权也只能听着，因此张昭对孙权的影响是相当大的，可是在面对曹操的这个问题上，张昭的态度显然是不能让孙权所满意的。

当时群臣各抒己见，议论纷纷，以张昭为首的投降派人数众多，言论一波一波冲刺着孙权的听觉，所说种种，终归一句话，江东没有生存下去的可能，为保性命，只能投降曹操。以张昭为首的谋士武将，均是跟随父兄打江东的元老级人物，他

们的意见孙权不能不考虑。

仔细考虑下来，这些所谓的"投降派"尤其是张昭等人，并不是真正要去害孙权而给自己谋求一个位置，实在是两方的实力差距太大，如果硬碰硬最后战败，恐怕想降曹操都不会再有机会了。

事实就是像张昭所说的那样，曹操势力已经满布江南，挟天子以令诸侯，此次又是"奉辞伐罪"，名正言顺南征，只不过这些都不足以畏惧，天下之士，哪一个不知道曹操虽标榜汉相，却实为汉贼。孙权所畏惧的是双方实力悬殊，曹操水陆皆备，又得刘琮相助，敌众我寡，以实力相拼，后果不堪想象。

但是，孙权知道，一旦与曹操联盟江东基业就将毁于一旦，父兄以血汗打下江东，并为此付出了生命，孙权想到父兄艰苦打下的江东基业毁于自己的手中，不免心有不甘而有愧对父兄。将一手打拼多年的成果拱手让给曹操，孙权也是万分不舍。

听着耳边一遍一遍的重复，江东若不投曹操，便无立身之地，孙权内心无比厌恶，但是作为一个优秀的领导者，孙权不露声色，将目光一遍一遍扫视着议论纷纷的群臣，这些臣子，在江东生死攸关之际，只是为一己私利就将江东葬送，实在是令孙权大失所望。

孙权沉默良久，任凭张昭一派侃侃而谈。鲁肃一向支持联刘抗曹，孙权见其一言不发，只是低头沉思，将目光转向他，然后漫长地等待，鲁肃依旧无语，若有所思的样子，孙权明了，知鲁肃心中必定已经有了谋略，只是在这种场合不愿意公开而已。孙权的兴致被调动起来了，迫不及待想要听听鲁肃的高见。鲁肃早就注意到了孙权那满是疑问的目光，但是，群臣在侧，怕是口无遮拦，有所不便，鲁肃只求能够单独与孙权对话。

鲁肃抬头望向孙权，却见孙权那满是笑意的眼神，二人相视一笑，心中已经心有灵犀一点通。孙权借口如厕，鲁肃紧跟而入，君臣相见，孙权也不委婉，单刀直入，鲁肃也不含糊，一一相告。鲁肃所言将众多投降派文武官员，贬低为没有骨气之人，更以"专误主公"评价之，确实是不能在群臣面前直言。孙权听后，深感鲁肃全然为江东利益着想，不若群臣为一己私利。更让孙权茅塞大开的是，鲁肃一针见血指出孙权投降曹操将无路可走，"将军迎操，欲安所归"，所谓一山不容二虎，孙权就是第二个刘备，曹操已经尝到了放虎归山的恶果，难道还会放任孙权，而坐视不管？！

鲁肃能够想到孙权安危，顾及江东之存亡。再观殿外诸臣，孙权十分感动，紧握鲁肃的手，眼中充满感激，对鲁肃更加器重。鲁肃此言，甚得孙权其意。信心有了，但是，残酷的现实，仍旧不曾改变，曹操八十万大军如何抗衡。孙权仰天长叹，无言。鲁肃知道孙权心中顾虑，便向孙权建议将周瑜召回，以共商军务大计。孙权也不迟疑，立即命人将驻守鄱阳的周瑜召回。

周瑜骁勇善战，且颇具谋略，跟随孙策，征南伐北，立下了汗马功劳，每每战事凯旋，孙策总是亲自迎接。周瑜之名在江东越发响亮,时人总是亲切地将其称之为"周郎"。后孙策、周瑜得皖城,得乔公的两个女儿,就是当时有名的美人,大乔、小乔。孙策也不独占,娶了大乔,而周瑜娶了小乔,自此结成了姻亲,关系更近了一步。

孙策被刺后,周瑜得孙策所托,一心辅佐少主孙权,手握重兵的他并不倚老卖老,更无反叛之心,对孙权也是以君臣之礼相待。

曹操为笼络人才,不惜挖墙脚。曹操看中有勇有谋的周瑜,想据为己有,便派人前去游说,周瑜不为所动,道"丈夫处世,遇知己之主,外托忠臣之义,内结骨肉之亲,言行计从,祸福共之。即使苏、张更生,郦叟复出,犹抚其背而折其辞,岂足下幼生所能移乎?"将曹操使者礼遇打发,足见其气量不俗。

在孙策死后,曹操为与袁绍死拼而无后顾之忧,更为牵制江东孙权,让其送子入京,以作人质。对于此事,周瑜坚决反对,为举棋不定的孙权坚定了信念,孙权拒绝了曹操的命令,显示了强硬的一面。脱离曹操牵制,为孙权后来不断壮大,出兵江夏免除了隐患。

周瑜被孙权召回,即刻站在了鲁肃这一阵营,一场针对投降派的斗争展开了。孙权再邀群臣议事,投降派仍旧是之前的一番言论,总而言之,就是迎曹操,周瑜忍将不住,拍案而起,厉声道:

"操虽托名汉相,其实汉贼也。将军以神武雄才,兼仗父兄之烈，割据江东，地方数千里，兵精足用，英雄乐业，尚当横行天下，为汉家除残去秽。况操自送死，而可迎之耶？请为将军筹之：今使北土已安，操无内忧，能旷日持久，来争疆场，又能与我校胜负于船楫，可乎？今北土既未平安，加马超、韩遂尚在关西，为操后患。且舍鞍马，仗舟楫，与吴越争衡，本非中国所长。又今盛寒，马无藁草。驱中国士众远涉江湖之间，不习水土，必生疾病。此数四者，用兵之患也，而操皆冒行之。将军擒操，宜在今日。"（《三国志·吴书·周瑜传》）

周瑜在此具体分析了曹操在江南用兵的各个不利之处，总结起来，大致有三点：其一，曹操后患不除，将危及他的后方，曹操无法安心于江南作战；其二，曹军远道而来，在颗粒无收的寒冬打仗，粮草供应不足；其三，曹军擅打陆战，江南多水战，士卒对水战不熟悉，必然会水土不服，产生厌战情绪。他的这一番话，将孙权满身的热血都调动起来，最后周瑜满怀信心，慷慨激昂道："瑜请得精兵三万人，进住夏口，保为将军破之。"这掷地有声的保障，让孙权更加坚定了抗曹的决心。经历了一番辩论，孙权终于下定了决心，联刘抗曹的好戏就要上演了，赤壁之战拉开了帷幕。

第二章

赤壁之战：鲜血染红的前途

曹操与血吸虫病

周瑜一席话坚定了孙权抗曹的信念，孙权大为振奋，张昭一派当然也不会善罢甘休，一而再再而三进言，孙权对投降之类言语心烦意乱，忍无可忍，毅然拨出所配之刀，将身边的案几砍掉了一角，并斩钉截铁道，"诸将吏如敢有再言迎降曹操者，与此案同。"孙权斩钉截铁的态度，震撼了群臣，纵是张昭这些元老级人物，也不敢多言了，至此，孙氏集团内部关于投曹还是抗曹的争论告一段落。

为免孙权心有疑虑，做到万无一失，是夜，周瑜再见孙权，陈述事实。文武群臣之所以心中恐惧曹操，乃是因为其自言拥有水陆士卒八十万，但是，这不过是曹操傲慢自大的演说而已，细算而来，曹操不过拥兵二十多万而已。曹军战袁绍以后，自有士卒十五六万，又迫刘琮降，得荆州士卒七八万，如此算来，不过二十几万,曹操所说八十万大军,纯属虚报,"甚未足畏"。

当然,曹操二十几万士卒,具体数目虽不祥,但远远超过孙刘联军,这确实不容置疑,仍在数量上占据绝对优势,所以不可小觑。然而,尽管如此仍不足畏惧,曹操自带士卒,多是疲惫病弱之辈,而刘琮之士卒,多持观望态度,并未一心一德,这无异于"以疲惫之卒,御狐疑之众",曹军之劣势可见一斑。孙权再无疑虑,再约诸葛亮商讨孙刘联合共抗曹操之事,后与鲁肃、周瑜一同制订了详细具体的作战计划。

孙刘联合抗曹的局面形成,曹操这边却仍旧沉浸在凯旋的喜悦中。曹操南下荆州之时,其实并未制订攻打江东的计划,也许在他的心里并未有剿灭孙权的打算,但是胜利来得太快而又巨大,让曹操有些措手不及。这突然的胜利,模糊了曹操的视觉,直接导致他对时局判断的失误。

沉浸在喜悦之中的曹操渐渐滋生了傲慢、轻敌的情绪,过高估计自身的实力,所谓骄兵必败,这种盲目的乐观,后果严重,最终导致了曹操遗恨赤壁。

益州刺史刘璋主动向曹操示好,派特使张松去拜见曹操,张松此人面目丑陋,品德也不过关,但是见识却足够独到,张松见曹操势不可挡,便打算结好曹操,暗中帮其夺取益州。曹操有"任人唯才"的名言,按说见到张松应该赏识,但二人见面,却是另一番光景。

曹操见张松面目可憎,便以傲慢态度相待,更以其容貌相取笑。曹操以貌取人，让张松气愤不已，如此傲慢，在这乱世之中能够嚣张到几时？冷静下来的张松回到益州，力劝刘璋与刘备结好。曹操虽现下势力庞大，但以其极不谦虚的轻敌态度，却是无法长远的。张松劝诫刘璋断绝与曹操的往来，虽然有个人仇怨的成分，但更是看到了曹操在江南无法长期立足的前景。

曹操心有傲慢轻敌的态度，所做事情，自然受其影响，他手下的文武多半也受其影响，滋生了自负情绪。曹操以狂妄自大的口气给孙权送去招降信，信中以极其大的口气威慑孙氏，字里行间都流露着必胜的期望。以曹操之推算，孙权必定步刘琮后尘，夹着尾巴来降。所以，当刘备与孙权结盟的消息传来，曹操仍旧乐得自在，以其之所见，孙权多半会将刘备脑袋奉上，以此邀功。曹操盲目乐观，如意算盘打得正妙的时候，孙权下了狠心，准备破釜沉舟，与曹操一争高低，"老贼欲废汉自立久矣，徒忌二袁、吕布、刘表与孤耳。今数雄已灭，惟孤尚存，孤与老贼，势不两立"。孙刘联军片刻不停，商议共同部署抗曹事宜。

孙权调兵遣将，一时凑足三万人马，将粮草船只准备妥当，任命周瑜、程普为左右都督，又命鲁肃为赞军校尉，协助二人，三人领兵出发，黄盖、韩当、吕蒙、凌统、甘宁、周泰、吕范等将领跟随。孙权继续留在柴桑，招兵买马，置办粮草，作为后援，并叮嘱周瑜若是不能相抗，"便还就孤，孤当与孟德决之"。

曹操送去招降信，迟迟不见回音，听闻孙权与刘备结盟，并已经出发西进。曹操如此蔑视，心有不甘，誓要踏平江东。所幸，曹操手下还有几人保持着清醒头脑，力劝曹操不可轻敌冒进。曹操准备进军江东，程昱、贾诩立即站出来劝诫。程昱提醒曹操孙刘联军人虽少，却不可轻视，不可贸然东行，曹操断然否决。贾诩见曹操变得如此专断，毕竟久伴曹操，知曹操脾性，不敢多加劝阻，只是以委婉之词，表达自己看法，荆州虽在握，根基却不够稳固，现下当务之急乃是荆州的重建工作，以确立对荆州的绝对控制，率领疲惫之兵远征江东绝非英明之策。

此时的曹操心情澎湃，头脑发热，任是谁的忠告也听不进去了，在尚未站稳脚跟之下就做出了远征孙权的决策。曹操的一意孤行，令保持清醒头脑的文武不禁皱起了眉头，当年，曹操在官渡一战中，形势危急，却仍能够虚心纳谏，谦虚待人，最终以少胜多，取得绝定性的胜利，奠定了一统北方的局面。而今，想到此，不禁让人叹息。

汉献帝建安十三年（公元208年），曹操从江陵出发，与此同时，周瑜早已率领三万士卒从柴桑出发。此时，刘备正在樊口，拥兵两千有余，闻曹操东进，心中万分焦急，日夜派兵打探孙军消息，终究是将周瑜盼来。曹操二十几万大军，而孙刘联军不过三万多而已，刘备大失所望，对战争的前景几乎是丧失了信心，率领关羽、张飞只是"差池在后"，并不作为主力。

孙刘联军西走,与顺流而下的曹军在赤壁北不期而遇,两军一番火并,曹军初战被孙刘联军大败。遭遇战败的曹操犹如当头一棒,被这不期然的失败晕眩了双眼,毕竟是久经沙场的老手,迅速从战败中清醒,将水师退守乌林,与陆军相会合,休养生息,操练水军,只待与孙刘联军再决胜负。

曹操在与孙刘联军的第一个回合中即告失败,这其中具体的细节,史书并无太多记载,有学者称,记载三国史实的《三国志》,作者陈寿是以魏国为正统,曹操战败,自然就不会多加炫耀,因此将其中种种俱为省略。

追究曹操失败原因,一是曹军虽多,但是战斗力却不足,况且曹操水师以荆州刘琮的降卒为主力,不能为曹操尽心尽力,而曹操新训练的水军又无法及时与荆州水师磨合,士卒不团结,这就造成了各自为战的战局;二来,曹军自北方所带精兵,不善水战,更有晕船情形产生,无法及时支援;第三,曹军之中瘟疫流行,跟随曹操南下的士卒,因不习南方水土,生病者不在少数。

曹军之中瘟疫横流,至于是什么疾病,史书中并无太多记载,无法确切知道,有学者推测可能是"急性血吸虫病",这种说法不无道理。瘟疫只是在曹军之中流行,即便是交战以后,孙刘联军也没有受其所害,由此可见孙刘联军对此已有免疫力。曹军多为北方士卒,到南方以后多打水战,与水打交道,曹操在秋季训练水军,此时正是血吸虫病易感染季节,极其容易感染血吸虫病。曾经有人撰文《曹操兵败赤壁与血吸虫病关系之探讨》将此论述非常详尽。但种种猜测，仅能自圆其说，并无证据可言。

曹操率领士卒退守乌林，将战船停靠长江北岸乌林，在此练兵，与此同时，孙刘联军趁势西行，驻扎在乌林对面一侧，长江南岸的赤壁，双方隔江南北对峙。赤壁之战终于进入到了最关键的最后阶段。

各有各的"降龙十八掌"

曹操以全数兵力开赴赤壁，本想以绝对优势渡江，一举攻下江东，却不料初战失利。曹操低估了孙刘联军的实力，更将自己置于不可高攀的位置，踌躇满志的曹操意气风发，却让日益蔓延的独断专行逐渐将其吞噬，骄兵必败，曹操开门即败，这"骄"字可谓是头等罪臣。

弱者易谦，强者易骄，自古就是一个难以走出的法则，在曹操身上也不例外。观曹操战官渡，征赤壁，这其中道理被曹操诠释得淋漓尽致。官渡一战，曹操那个谦虚，恨不得将头颅低入尘埃，让众人不禁感叹，希望在即。反观赤壁，曹操高高扬起头颅，就再也不肯低下了，却不料，被脚下的一块小石头绊了跟头。

其实，战争还未拉开之时，曹操的谋臣就曾劝诫过曹操，贾诩曾言，"明公昔破袁氏，今收汉南，威名远著，军势既大；若乘旧楚之饶，以飨吏士，抚安百姓，使安士乐业，则可不劳众而江东稽服矣"（《三国志·魏书·贾诩传》）。然而，曹操将其置之不顾，坚持东征。

战争中，曹操再次将刚愎自用的作风进行到底，西蜀刘璋是个识时务者，见曹操一朝得势，便伸出了友好之手，战争物资供给不说，更派士卒前来支援，士卒虽不多，但足以表明心意，此次刘璋派来的领兵使者是张松，张松其貌不扬，甚得曹操厌恶，曹操又碍于情面，不好将其打发，便给了他一个小差做。

主簿杨修知张松为人，虽腹有才华却心胸狭隘，恐将其冷落，滋生事端，杨修便劝诫曹操重用张松，不要将其懈怠，对以后将西川纳入囊中必有益处。曹操却对张松丝毫没有热度。

诚如杨修所料，所谓无毒不丈夫，张松见如此受冷落，心中便种下了仇恨的种子，自己不自在，也不能让曹操如愿。张松满腹仇恨地回益州去了，见刘璋便无所不用其极地劝其与曹操绝交，刘璋对张松颇为信任，从此便疏远了曹操。由依附者变为隐患，真是一失足成千古恨，纵使高傲的曹操，也不得不为一时的冲动后悔莫及。

战争一开始，曹军就将其弱势一展无余，长途劳顿，不习水战，水土不服，更因疾病流行而无精力作战。一连串的问题远远超出了曹操的预想，而经历了战败的曹操并未从失败中悉心总结经验教训，将战败原因归结于军中蔓延的疾病，依旧一意孤行如故。

曹操仍旧是有信心的，毕竟胜败乃是兵家常事，一次小小的战败对于久经沙场的曹操来说，就是一个小指头的问题。曹操首战伤亡万余，以剩下之兵力横扫江东仍旧绰绰有余，这些曹操并不担心，令曹操眉头紧锁的是，如何能破对岸周瑜的水军。

水军是曹操的一个死穴，曹操在南征之前就在邺城做玄武池，以此训练水军，做好南征准备，但是，毕竟是天生的北方"旱鸭子"，只能是临时抱佛脚，没有成就大气候。占领荆州，曹操迫使刘琮投降以后，收编了荆州水师，然而，有多少士卒能够为这突降的曹操一心一德，拼死拼活？曹操高估了荆州水师的品行，也高估了自己的魅力。

曹操所带亲兵，在陆上战斗，个个生龙活虎，气势威不可挡，但是到了水中，个个都成了霜打的茄子，再也神气不起来了。荆州水军虽然庞大，但是战斗力却难以让人信服，打仗，这生死攸关的时刻，任谁也是靠不住的，到头来，还是得要靠自己的人马。当务之急乃是，训练出一支足以与孙氏集团相抗衡的水军。

长江水流湍急，船只颠簸，何况是在船只中作战，让北方来的士卒难以适应，如何让士卒快速适应颠簸的船只，曹操可是煞费苦心。这日，曹操令士卒将船只首尾连接，以此加强船只的稳固，也便于训练士卒。

《三国演义》中，这一段被演绎成，曹操乃是听从了荆州名士庞统的建议，然后命令士卒用铁链将战船一一连接起来，人马于其上如履平地，解决了船只颠簸的问题。这一说法，综观史书，并无确切记载，而在《三国志》中，也只是提到曹操将战船首尾相连，紧密联系在一起罢了。其推断原因有二：

其一，曹操善于用兵，这是众所周知，以曹操之谋略，不至于弱智到将船只用铁链固定，他应该能够想到，若是船只固定，周瑜领兵来袭，那将处于非常被动的局面。

其二，假设果真是曹操将船只固定，那么后来的黄盖诈降一事就成了画蛇添足。曹操既是已经将船只固定，那孙吴直接火攻岂不是省事，为何还要冒着这么大的风险去施苦肉计，由此可见，孙吴直接实施火攻的条件还不具备，也就是说曹操并未把船只捆绑，孙吴尚不能一举将曹军歼灭，这才有了黄盖诈降以图近距离接近曹营。

一场一个愿打一个愿挨的苦肉计，在这种条件下上演。黄盖，字公覆，是零陵泉陵人（今湖南永州人），辅佐孙氏父子三代，在孙氏集团内可谓元老级人物。黄盖跟随孙氏南征北战，戎马半生，在孙氏集团有些威望，尤其是在火烧赤壁以后，威望如日中天，成为人人敬仰的英雄，但是在这光鲜的背后，黄盖却有一番不同寻常的奋斗史。

据《三国志》记载，黄盖是南阳太守黄子廉之后，只是因年少丧父，致使家道中落，经历了一番苦日子，更懂得了吃得苦中苦，方为人上人的道理，"少有壮志，虽处贫贱，不自同于凡庸，常以负薪余闲，学书疏，讲兵事"，困境之中，尤不忘志向，终究熟读各家经典，又研习兵家战略，文韬武略，无不齐全。

所谓乱世出英雄，在这乱世之中，但凡有些才华之人，均不愿辱没了自己，黄盖也不例外。黄盖因才华出众，被举为孝廉，入仕为官，担任地方郡吏，后因管理出众，被提拔为地方县令，成为一县之长官。

在东吴初崛起的孙坚，吸引了黄盖的注意，孙坚平叛乱，抗董卓，这为黄盖留下了深刻的印象。怀着赤诚之心，带着敬佩之意，黄盖放弃了县令职务，投奔了孙坚，跟随孙坚"南破山贼，北走董卓"，"擐甲周旋，蹈刃屠城"，战功卓越，忠心耿耿的黄盖，颇得孙氏赏识。

赤壁之战，孙刘联军初战告捷，但是面对气势汹汹的曹军，仍旧十分忌惮。眼见曹操开始训练水军，若是一味拖延战机，曹操水军训练有成，那时取胜的把握就更小了。所以，当务之急，就是主动出击，先下手为强。

如何破曹操，孙吴首领陷入沉思。这时，黄盖站了出来，面见大将军周瑜，谏言道，"今寇众我寡，难与持久。然观操军船舰首尾相接，可烧而走也"。这火攻之策，确实妙，令周瑜不禁拍案叫绝。若这一计谋得逞，破曹操之日可待，周瑜喜不胜收,当即拍案赞同。

　　问题似乎不是想象中的那么简单,曹操虽将船只首尾相连,要靠近,施火攻之策,也实为不易。周瑜脸上高兴的神色片刻退去,取而代之的是一脸茫然,黄盖知周瑜心中所虑,便自告奋勇,以诈降投奔曹操,以得靠近曹操战船之机,"先书以曹公,欺以欲降"。

　　周瑜、黄盖二人商议半日,终得计谋,周瑜令黄盖写诈降信,送予曹操,以得曹操信任,一场针对曹操的计谋展开了。

子衿代表我的心

对酒当歌，人生几何？
譬如朝露，去日苦多。
慨当以慷，忧思难忘。
何以解忧？唯有杜康。
青青子衿，悠悠我心。
但为君故，沉吟至今。
呦呦鹿鸣，食野之苹。
我有嘉宾，鼓瑟吹笙。
明明如月，何时可掇。
忧从中来，不可断绝。
越陌度阡，枉用相存。
契阔谈䜩，心念旧恩。

月明星稀，乌鹊南飞。

绕树三匝，何枝可依？

山不厌高，海不厌深。

周公吐哺，天下归心。

——曹操《短歌行》

这日，天高云白，一扫连日的氤氲，天气晴朗开来，曹操练兵有成，心情甚是舒畅。大船之上，曹操的酒宴已经摆开了，曹操几巡过后，诗兴大发，即兴作了这首《短歌行》，寄托自己抱负。曹操即兴而发，却成了千古绝唱，令一代一代人争相传唱，这不得不让人感叹，这个在马上驰骋沙场的硬汉，也有着细腻的文思，运笔成章，不在话下。后人称其为"上马驰骋沙场，下马运笔成章"，足见对曹操的佩服。

曹操的文采，让众多在文学海洋中遨游终生的文人都不禁望洋兴叹。戎马之余，诗歌写作，成为曹操的业余消遣，《三国志·魏书·武帝纪》中有记载，说，曹操"御军三十载，手不舍书，昼则讲武策，夜则思经传，登高必赋，及造新诗，被之管弦，皆成乐章。"诗歌写作这样的业余消遣，已经成为曹操不可或缺的一部分，由此成就了建安文学，成为领衔人物。

这首《短歌行》，依旧如曹操以往诗歌一样，借诗歌抒发感情，所谓的托物言志。全诗开头虽有心怀消极意念，却不能掩盖全诗的主基调，通观全诗，依旧是满怀乐观、豁达，这是曹操的一贯作风。

歌舞在侧，美酒在杯，时间却悄无声息逝去，感叹白驹过隙，曹操不禁发出"人生几何"的感慨，"愁"字当头，唯有喝酒才能忘却心中的不悦，但是，这一切，却不能独挡曹操求贤若渴，建功立业的志向。

一番感慨之后，曹操将求贤若渴之急迫洋洋洒洒喷涌而出，若得圣贤，必以礼相待。曹操一向惜才，主张"任人唯才"，但是他发布的"求贤令"，却没有收到预期中的效果，曹操再借诗词，表达自己对贤才的渴慕之情。

曹操求贤之渴，娓娓道来，就如那天上的明月，永不停息。最后，曹操再次表明自己周公吐哺感恩之心，周公有言，"一沐三握发，一饭三吐哺，犹恐失天下之士"。周公这种礼贤下士的态度，曹操拿来自喻，表达自己求贤若渴之急迫心情。

诗毕，宴席之上各位无不惊叹，一番吹捧，令曹操不无受用，不禁兴致大开，在座继续饮酒作乐。正值兴头之上，却闻小卒来报，黄盖命人送来了亲笔信。曹操纳闷，这黄盖乃是孙吴大将，怎会给他送来书信。怀着满腹的疑虑，曹操打开了书信，一看之下，真是又惊又喜，却又不禁心存怀疑。原来，黄盖要投降曹操，信中道，"盖受孙氏厚恩，常为将帅，见遇不薄。然顾天下事有大势，用江东六郡山越之人，以当中国百万之众，众寡不敌，海内所共见也。东方将吏，无有愚智，皆知其不可，惟周瑜、鲁肃偏怀浅戆，意未解耳。今日归命，是其实计。瑜所督领，自易摧破。交锋之日，盖为前部，当因事变化，效命在近……"

黄盖的信，洋洋洒洒，而又逻辑明了，让曹操看不出破绽，信中详细记载了黄盖的投诚意愿，可将其归纳为三层意思。其一，黄盖跟随孙氏多年，终得将帅之职，颇得孙氏赏识，在孙氏集团赢得了声望与地位，也算是有分量之人。曹操心中有些激动，有名望，有才华之人，正是曹操所需，若能得之，岂不妙哉，曹操接着往下看。

但见黄盖笔锋一转，写道"今日归命"，其意乃是要投奔曹操。在孙吴既得如此待遇，为何还要转投他主？这不禁让人疑问。接着，黄盖娓娓道来其投降的动机，是为其二，观天下大势，江东人寡，而曹操人众，这是众人皆知的事实，但凡有些眼力之人，均可以看出，孙氏必败无疑，既然如此，为何不弃暗投明？

所谓识时务者为俊杰，曹操见黄盖行文至此，不禁对黄盖滋生出众多好感，但是，作为一个老江湖，曹操也不敢大意，仍旧不漏声色，继续看信。黄盖表达出最后一层意思，乃是在孙刘联军与曹军的下一次交锋中，黄盖将临阵倒戈，助曹操一臂之力。黄盖这样大的见面礼让曹操受宠若惊，曹操不得不认真对待这封投降信。

曹操将送信之人细细盘问，以防其中有诈。使者应该不是简单人物，在曹操咄咄逼人的盘问下，丝毫没有惧色，回答得滴水不漏，曹操的疑虑渐渐消除。曹操是个谨慎之人，更毋庸说是在这生死攸关之际了，所以，周瑜挑选送信使者，必然是下了一番工夫的，毕竟一着不慎，全盘皆输。此人智谋不可少，狡猾如曹操，要经得起曹操的盘问，心思缜密，反应灵敏，这是必需的。

从另一层面说，曹操能够相信这封诈降信的真实性，送信使者的言行起着至关重要的作用，所以此人在火烧赤壁这一计谋中也算是个狠角色，但是，历史上对于这样一个绝非等闲之辈的人物却无只言片语的记载，由此只能任人猜测。

曹操一番盘查之后，信使以滴水不漏的回答，打消了曹操心中的九分疑虑，毕竟事关重大，曹操不得不小心行事。曹操告诉使者，让其转告黄盖，"若信实，当受爵赏，超于前后也"。曹操对黄盖投降一事并未十分相信，从一"若"字一览无遗，但是，百密一疏，曹操终究是没有逃出为他设置好的一个又一个的陷阱。

一念之差，曹操中了黄盖、周瑜的圈套，试想，若是当初曹操能够更多疑一些，不为黄盖所动，这乌林一战，就又是另一番情景。心怀投机取巧，事情的发展便一发不可收拾，胜利正一步一步远离曹操。

信使一回，周瑜、黄盖不禁莞尔，不错的开始，事情正朝着他们二人预期的方向发展。周瑜任命黄盖为作战先锋，便紧锣密鼓张罗起周瑜打黄盖这出戏来,厄运正一步一步向曹操靠近,而曹操仍旧沉浸在那篇成为千古绝唱的《短歌行》中。

不睡觉的蒋干

曹操一首《短歌行》，表达了自己对贤才的无尽渴望，在座众人对曹操文采无不惊赞，对曹操求贤若渴之胸怀无不感慨。惊赞、感慨过后，众人也就把这事忘记了。但是，有个很是识时务者洞察曹操哀乐，将此事记在了心上，并为此采取了一些列的举动，正认为如此，此人被后人熟知，名留史书，此人乃是蒋干。

蒋干，字子翼，是曹操手下的名士，《三国志》记载，蒋干有"仪容，以才辩见称，独步江、淮之间，莫与为对"，可见蒋干绝非等闲之辈，蒋干洞悉曹操求贤之心，其实，洞悉二字实在是抬举了蒋干，毕竟曹操惜才已如司马昭之心，路人皆知，只是，心知归心知，行动上蒋干倒是抢了先。

这日，曹操正练兵，前日江东黄盖来降，取江东胜算又增加了一分，但是，毕竟在别人的地盘上，孙权占尽了天时、地利、人和的优势，曹军路上猛如虎，水中却无法施展手脚，直取江东仍旧不容易，曹操这样想着，练兵更加卖力了。

兵罢，曹操入帐休息，手下来报蒋干前来议事，曹操停顿片刻，让人带蒋干入座。曹操对蒋干有种无以言说的感觉，若说才智，蒋干倒是有些小聪明，却终究难以成就大事，好心办坏事的时候也不乏少数。曹操想着不禁摇了摇头，叹了一口气，这蒋干有一张利嘴，巧舌如簧，是个外交官的料子。

蒋干见了曹操，将其来意说明，曹操不禁大悦。蒋干之意乃是劝周瑜投诚，以免去兵戈之灾。此举甚合曹操心意，此时军中水土不服，疾病横生，晕船呕吐之情形时常发生，士卒作战的心思不大，若能免去兵戈，这倒不失一个好主意。蒋干与周瑜乃是发小，自幼同窗读书，此次毛遂自荐，担当说服周瑜之任务，就想以旧情打动周瑜，凭借三寸不烂之舌说动周瑜，使其倒戈。

曹操对周瑜之仰慕久矣，周瑜年少貌美，又精通乐器，跟艺术沾边，苏轼的一首《念奴娇·赤壁怀古》将周瑜之风流倜傥刻画得栩栩如生："遥想公瑾当年，小乔初嫁了，雄姿英发，羽扇纶巾，谈笑间，樯橹灰飞烟灭。"这一幅栩栩如生的画面，让人记住了这位风流儒雅的江东英雄。

周瑜跟随孙策，有开拓江东之功，孙策死后，竭力辅佐孙权，战功显赫，又不乏谋略，可谓文韬武略。曹操初次见识其谋略是在曹操大军下江南之时，要求孙权送人质，在周瑜的坚决反对下，让曹操牵制孙权的计划落空，曹操心中不悦，却对颇具胆识的周瑜产生好感，有了据为己用的心思，只是不得时机，此事便作罢。此次，蒋干提出招降周瑜之事，正好了曹操这一桩心事。话虽如此，不过，周瑜在江东也算是名利双收，况且，以周瑜之忠心，恐怕是难以说服周瑜归降，曹操心中疑虑，不禁眉头紧锁。

蒋干颇有察言观色之功夫，见曹操如此，便料到曹操是为周瑜能否被劝说归降而疑虑，便轻咳两声，清一清喉咙，曹操见如此，不免心上一喜，蒋干这是有了主意。

赤壁之战，孙权以周瑜、程普为左右都督，周瑜位在程普之上，手握决断权，但是，若是论履历，程普远在其上。程普历经三代，德高望重，可谓是孙氏集团的第一元老级的大将，此时，却屈身于一个小辈之下，心中必然有众多不满，若趁此挑拨二人，以程普之名望，周瑜必然吃不到好果子，在此时机拉拢周瑜，不失一个良策。

曹操听及此，已经喜上眉梢，似乎胜利在望了。蒋干见曹操表情，知其将希望寄托于此，那么他身上的担子实在是太重了，况且，说服周瑜之事并没有十足的把握，周瑜之脾性，蒋干自然了解，此事虽有希望，却是渺茫，不过是暂且一试的主意罢了。

蒋干用其能言善辩之口舌，婉转至极，让曹操明了此事成功的几率微之甚微，也减少了自己身上的包袱。一个智慧的谋略家，在做事情之前，已经为自己想好了退路，其谋略可见一斑。依蒋干之计划，曹操趁周瑜接待蒋干之机，散布周瑜投降曹操的动机，使得孙权产生怀疑，而失去对周瑜的信任。招降周瑜之计划就算是不能成功，也起到了离间君臣二人的破坏作用，这对于曹操来说有利无弊，曹操何乐而不为。曹操为其置办酒席，蒋干轻松上路。

关于周瑜与程普二人不和之事，从《三国志·吴书·孙皎传》所记载的吕蒙对孙权说的一段话中，可以略窥一二，"昔周瑜、程普为左右部督，共攻江陵，虽事决于瑜，普自恃久将，且俱是督，遂共不睦，几败国事"。《三国志》中还有一处记载也证实了此事，"是时权位为将军，诸将宾客为礼尚简，而瑜独先尽敬，便执臣节。性度恢廓，大率为得人，唯与程普不睦"。可见，此事确为事实，蒋干正是抓住了这点想大做文章。

周瑜与程普被任命为左右都督，在魏晋之前，均是以左为贵，按此排位，周瑜要在程普之上。程普在孙坚起兵之时就跟随，建立起了个人威望，一步一步看着孙氏集团成长壮大，可谓是元勋级别的人物，《三国志·吴书·程普传》中有记载，"先出诸将，普最年长，时人皆呼程公。性好施与，喜士大夫"。

资格老，战功显赫，军中威望也高的程普却被排在周瑜这个小辈之后，这口气程普如何咽得下去！程普处处看周瑜不顺眼，自然就有众多不服气之事，这样的抵触情绪，以至于两人因个人恩怨几近坏了大事。

程普耍起大牌脾气,以生病为由,拒绝周瑜的领导,更不配合周瑜工作。但是,大敌当前,程普终究是心怀孙氏大业之人,拿得起,放得下,再看那周瑜虽有自己的处处抵触,却处处回避,鲜有计较,再观周瑜之为人与智谋,却有过人之处。程普毕竟也不是心胸狭隘之人,放下个人恩怨向周瑜伸出友好之手,为了共同的目标,二人重修旧好,团结起来,一致对外。后程普有言,"与周公瑾交往,若饮醇,不觉自醉"(《三国志·吴书·周瑜传》)。这日,周瑜正与众谋士议事,却闻人来报,故人来访。周瑜纳闷,又听人报,故人乃是蒋干,周瑜心中已隐隐有了预感。周瑜、蒋干二人相见,各自寒暄一番,周瑜乃是爽快之人,也不婉转,直奔主题,"子翼良苦,远涉江湖为曹氏做说客邪?"

蒋干被周瑜一眼识破,脸色顿变,心中不免心虚,毕竟是见过大世面的人,蒋干发觉自己失态,立即恢复了平静,将话题一转,道,"吾与足下州里,中间别隔,遥闻芳烈,故来叙阔,并观雅规,而云说客,无乃逆诈乎?"

周瑜一听蒋干如此说法,心中顿时轻松了不少,不消片刻,便有了应对之策,周瑜道,"吾虽不及夔、旷,闻弦赏音,足知雅曲也"。二人在这战乱的关键时刻,玩起了雅兴。周瑜设宴好吃好喝,招待蒋干无不周到,又邀请蒋干参阅三军,周瑜、蒋干二人同寝同食数日,周瑜不提孙曹战事,蒋干寻找时机提起战事，却始终无开口之机，心中不免感慨希望渺茫。

这日，周瑜向蒋干展示了孙氏赏赐之玩物，并无不满足地道，"丈夫处世，遇知己之主，外托君臣之义，内结骨肉之恩，言行计从，祸福共之，假使苏张更生，郦叟复出，犹抚其背而折其辞，岂足下幼生所能移乎？"蒋干听毕，周瑜如此说法，便表明了其心意，希望已经彻底破灭，再说无异，还是赶紧向曹操去交差的好。

周帅哥点火

魏吴争斗决雌雄，赤壁楼船扫地空。

烈火张天照云海，周瑜曾此破曹公。

——李白《咏赤壁》

在使者滴水不漏的回答下，曹操心中的疑虑已经去除了大半，黄盖投降之事十有八九已经被曹操确定为真事。此时的曹操虽然经历了赤壁初战的败绩，但其持续膨胀的激情却未被冲灭。为实现他"山不厌高，水不厌深，周公吐哺，天下归心"的夙愿，曹操头脑持续发热，久久无法冷却。正是这心中的狂躁，让其一步一步走入失败的深渊。

失败让人意志消沉而难以自拔，成功却往往让人深陷狂躁难以前进，不可一世的曹操，文韬武略，狡猾如狐狸，纵使如此，仍旧没有逃出这成功的后遗症，曹操止步了，狂躁的他终究是被一身的傲气变得飘飘然了，根基不稳，如何努力也是枉然。

就在曹操飘飘欲仙、无法自拔的时候，孙刘联军却扎稳了根基，走得虽慢，却够稳，一步一个脚印，将高高在上的曹操狠狠地绊了个跟头，灰头土脸的曹操吃了苦头，随手抓了个连自己都无法信服的借口，夹着尾巴逃回老家去了，曹操终于是被江南的瓢泼冲醒了。

这日，黄盖遭到周瑜毒打的消息一时之间传开来，消息很快传到了曹操的耳朵里，曹操抿嘴而笑，心中得意，黄盖扑向自己的怀抱确信无疑了。曹操志得意满，再看那江面布满的士卒，急切期待一场战争的到来，再一次的胜利正踯躅而来。

天气放晴了，这在江南实属不易，今日是个好天气，周瑜立于船头，感受着湿润的东南风，心情极其舒畅，一场战斗，决定生死的战斗就要拉开帷幕，尽管实力上与曹军仍旧悬殊，周瑜仍旧不乏信心。

今日不战，更待何时？想及此，周瑜不做迟疑，以黄盖为先锋，准备好十艘轻便的船只，里面满载着干草与膏油，然后用红色帷幕作遮掩，旌旗遍布，甚为显眼。周瑜又令人预备了一批小船系于大船之后，以做好逃跑的准备。在东南风的吹拂下，黄盖率领水师，顺江而行，浩浩荡荡往乌林而去。

黄盖立于船头，眼神坚定，面无表情，沉默不语，心中却

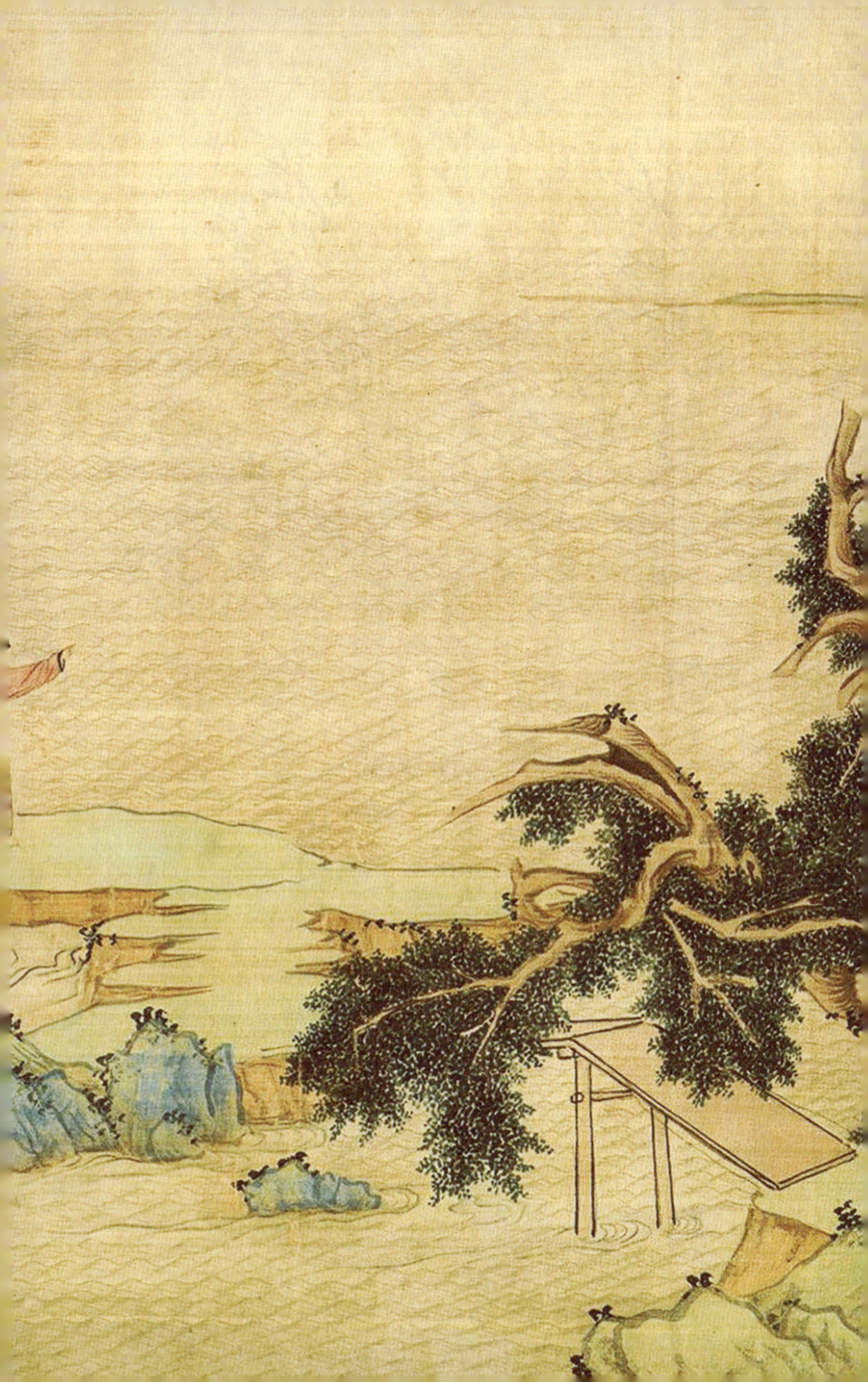

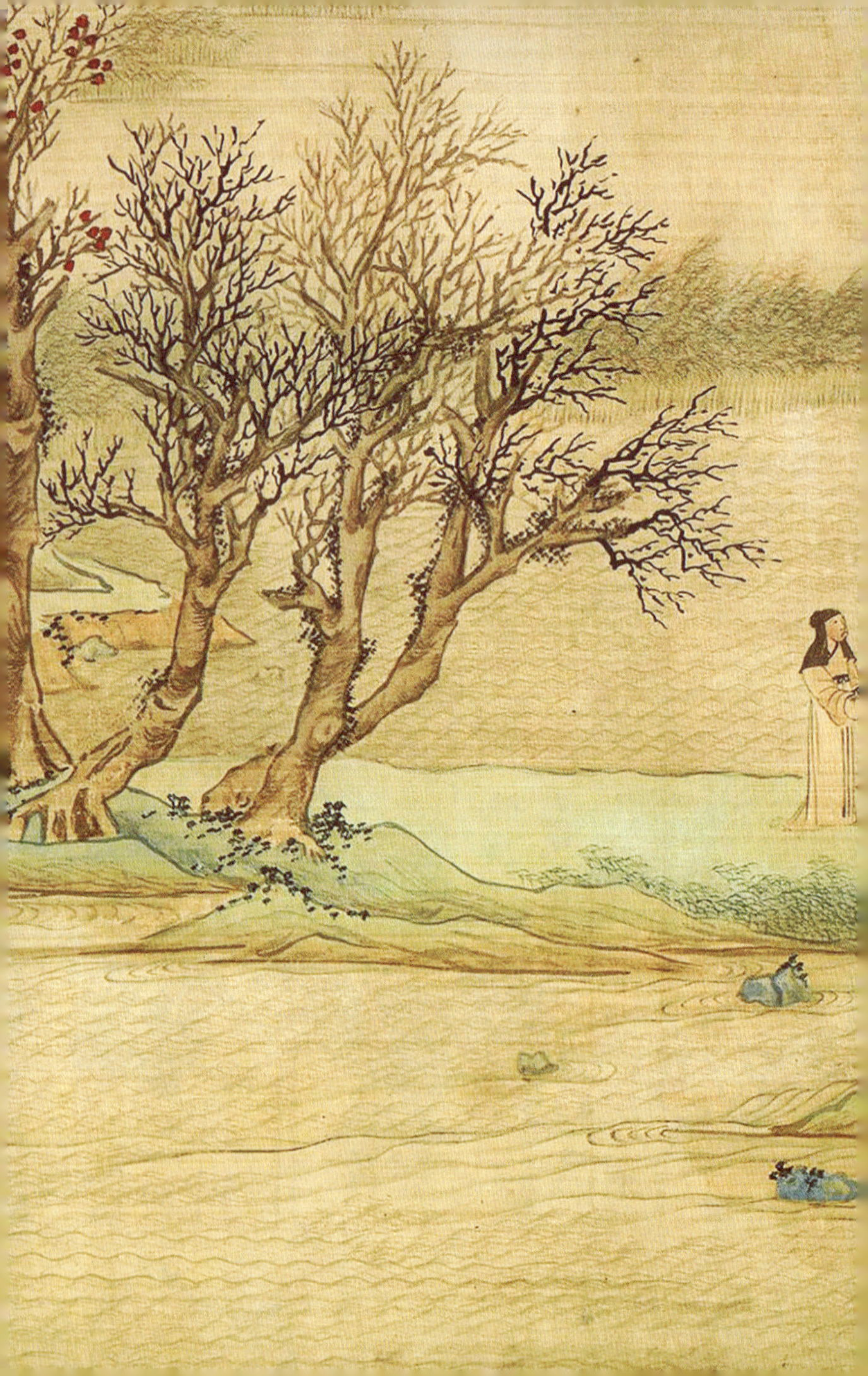

是犹如这波涛汹涌，七上八下。此战背负着江东的希望，这份重担就压在身上，成败就在这一举之间，江东存亡无时不敲打着黄盖的心灵。看江中波涛滚滚，黄盖思绪万千，这一生经历了这么多，却从未有如今日一般心情沉重。

黄盖的船只距离曹军越来越近，曹操立于船上，威风凛凛，看船只一步一步靠近。手下小将见有船浩浩荡荡而来，紧急来报，不料曹操早就知晓，碰了一鼻子灰。众人见江中船只，不知是敌是友，有谋士劝曹操早早做好打算，曹操却一口断定，船只是来投诚的，也不做打算。曹操心中洋溢着喜悦之情。只等与黄盖能够尽早相见，然后杯酒尽余欢。

曹操目空一切，全然没有防备，一场大的阴谋正铺面而来却不自知，俨然成了任人摆布的玩偶。这不得不让人感慨，曹操雄才大略，自起兵，南征北伐，吕布、刘备、袁术、袁绍父子，荆州刘表父子，先后败于他的手中；此后，曹操北征乌桓，统一北方，南入江南，那时的他将当世英豪玩弄于手中，是何等的意气风发！而今日，周瑜、黄盖略施小计，就能够牵着曹操的鼻子走，此种差异，却是为何？

历史上，总有一些宿命难以超越，纵使曹操这样的英雄人物也不例外。从一个草根人物，到万人瞩目的事业顶峰，这其中艰辛，无不让人佩服，然而，正是在这巅峰时刻，人的心理在这其中悄然发生了变化。

胜利紧跟胜利，曹操在这胜利的光环环绕之下，眼界高了起来，骄傲自满的情绪一时之间充溢了发热的头脑。曹操的轻敌情绪逐渐蔓延，从统帅到士卒，这种倾向带来了众多不良后果，轻敌则冒进，急躁则求速战速决，骄傲则目空一切，曹操很不幸地，把这些不利形势占全了。

目空一切的曹操，恃兵而骄，当武力上的优势为他带来一次一次的胜利，他开始迷恋于武力解决问题，这种干净利落的处理方式，无异于一介武夫的做法，只有蛮力而没有智谋，打败了袁绍，曹操成了第二个袁绍，步了袁绍的后尘。

曹操四处求贤，又作《短歌行》来表达自己求贤若渴之急迫，然而，揽入帐下的谋士他却又不放在眼里，因为被傲慢与偏见蒙住双眼的曹操，已经丢掉了虚怀若谷、兼听纳谏的作风。歌功颂德的话语，让他如沐春风，而反对他的声音，则让他如芒在背。谋士的意见他听不进去了，无论正确与否，曹操变得一意孤行，对于那些一而再再而三劝诫者，曹操伸出了利刀，这是多么大的变化。遥想当年，狂傲如祢衡，令曹操咬牙切齿，抓耳挠腮，曹操盛怒之下，仍然保持清醒，虽有杀人之心，却还是没有举起屠刀，看来这一切，真的只能留在遥想之中了。

傲慢与愚蠢这对双生姐妹，往往结伴而行，傲慢的滋生，腐蚀了智慧的头脑，曹操的谋略变得不能称之为谋略了，复杂的头脑变得简单，一双警觉的慧眼，已经难以察觉敌情的风吹草动，以至于被黄盖蒙蔽，被周瑜玩弄于股掌之上，这是多么可悲。

言归正传，曹操见黄盖果真来降，喜上眉梢，黄盖越来越近，只有二里的距离了。曹操正准备率领部下前去迎接，却见那江中，火光一片，船只尽被点燃，情况不明，曹军骚乱起来。曹操迟钝，却也已经明白这其中缘故，无奈，全无准备，仓促应战。

装满干草与膏油的船只，借着东南风之气势，越烧越旺，犹如无人驾驭的马匹一般，横冲直撞而来，曹军慌乱，船只首尾相连，一时之间根本无法分散，被点燃的船只，一艘延及一艘，火光冲天，人声鼎沸，东吴水军的那种气势，怎能用"磅礴"二字可以描叙。

黄盖其后，周瑜率领水军跟随，锣鼓阵阵，江东将领个个意气风发，士气大振，而曹军慌不择路，一时之间不知道如何应对。曹操见大势已去，已经无法挽回，再也坚持不下去，当机立断，命令士卒点燃剩余战船，引兵从华容道步行后退。

屋漏偏逢连夜雨，曹操领兵后退，刚刚下过雨的道路泥泞，行军困难，曹操又令士卒将甘草铺于地上，方便行路，却耽误多时，而后方，周瑜与刘备联军水陆并举，一路追随曹军，这样一来曹军死伤众多，达一半有余。

曹操率领士卒往江陵方向而去，到江陵以后，曹操恐怕战争失利造成北方政局不稳定，便马不停蹄往老家赶去，赤壁之战，以孙刘联军的胜利告终。

关于赤壁之战的失败，曹操个人一向将其归结为疾病所致，曾有言，"赤壁之役，值有疾病，孤烧船自退，横使周瑜虚获此名"，这点无可厚非。唐朝诗人杜牧的一首《赤壁》，将周瑜之胜利归结为借东风之力，"折戟沉沙铁未销，自将磨洗认前朝。东风不与周郎便，铜雀春深锁二乔"，这也有合理之处。

关于赤壁之战的意义一直是三国史学界长期讨论的内容之一。对曹操来说，赤壁之战可以说是曹操头一次遭受到的重大挫折，没有一次失败让曹操如此地刻骨铭心。可以说赤壁之战一战耗光了曹操长期所积攒下来的雄厚资本，让曹操不得不将他的统一中国的计划一拖再拖，直至最后含着对统一的渴望去世。曹操在此次大战之后再也没有涉足过中国的南方地区，这一大片大好河山从此与曹孟德绝缘。

对刘备来说，他终于得到了一个十分难得的喘息机会，这也是他头一次战胜曹操，这样的胜利可以说是爆炸性的，一下子就改变了刘备与曹操之间的力量对比，让曹操不能够再轻易地击溃刘备。另一方面，刘表死后荆州就投降了曹操，现在曹操兵败所以荆州就成为了一块"三不管"的地盘，这对于自古以来就是兵家必争之地的荆州来说是十分罕见的状况，是上天赏赐给刘备的一个绝好的机会。赤壁之战之后刘备迅速在荆州扩展自己的地盘，终于超过了他在徐州时期所占有的土地，这为刘备完成诸葛亮"西进益州，三分天下有其一"的战略目标铺平了道路。

对孙权来说，赤壁之战的胜利，让江东摆脱了一次严重的危机。为江东地区经济的开发与发展准备了充足的时间，更加巩固了孙家对于这一地区的控制。

总体说来，赤壁之战让曹操失去了统一南北的机会，终其一生，曹操也没有了了他的这一夙愿，孙刘联军的胜利，开创了三分天下的局面，一个崭新的时代诞生了。

第三章

巧借荆州：借东西的都是老大

先把夷陵围起来

曹军的水寨弥漫在一片火海之中，船只多半被引燃。当曹军在混乱中时，周瑜与刘备的联军已经从江上登陆，各领一支军队，往乌林而去。极度混乱的曹军忙着逃命者居多，哪里还有心思去迎战，弃船而逃者不在少数。丧失了抵抗力的曹军，损失过半，烧死、淹死者数不胜数。

面对这样一支残军，曹操已经无计可施，往日的威严瞬间失去了功效，纵使喉咙喊破，恐怕也难以制止这样的混乱。曹操带着残军沿着长江北岸后撤，一路狂奔，水陆军会合以后，曹操命水师舍弃船只，并一把火引燃，与陆军一同经华容道，往江陵方向逃去。

下过雨的道路泥泞不堪，又兼大雾弥漫，行军十分困难，曹操命人在道路上铺上干草，这样行军速度大为减慢，孙刘联军却紧追不舍，逃亡路上，时有自相践踏出现，生死攸关，谁不为己？就连曹操这样的硬汉，也不免感慨万千。

曹操退守江陵，孙刘联军乘胜追击，紧随其后，一直追到南郡境内。此时，南阳、南郡仍然在曹操的掌控之下，以曹操之实力，若是整装旗鼓，仍然能够与孙刘联军相抗衡。但是，挫败已经将曹操打击得丧失了斗志，经过多日的战争，曹军之中，失望情绪日益蔓延，况且，赤壁之战的战败，对北方格局也产生了影响，曹操害怕不轨之徒趁此作乱，便不敢在江陵久留。

曹操以曹仁、徐晃驻守江陵，自己率领部队北归，镇守北方去了。关于曹操这一决定，众史学家众说纷纭。有学者认为，曹操在兵力上仍然具备战胜孙刘联军的实力，另一方面，曹军善打陆战，这正是发挥优势的绝好时机，若是能够调兵遣将，再与孙刘联军一战，胜负将未可知，克联军，保荆州，不在话下。

曾有史学家表达过类似的观点，"昔齐桓一矜其功而叛者九国，曹操暂且骄伐而天下三分。皆勤之于数十年内，而弃之于俯仰之顷，岂不惜乎！"以这种说法，曹操一念之差而错失了一统天下的大好时机，这不得不让人惋惜。

对于**曹操撤兵乃是大错特错**这样的观点，有学者则提出了反对意见。赤壁一战，曹军接连战败，与先前的连战连捷形成巨大的反差，此中差异，造成士气低下，斗志全无，况且，北方听闻赤壁一战曹军战败,骚乱迭起,政局不稳,当务之急乃稳住北方根基,再做他图。矛盾处处不在,满手抓,到头来都成空,曹操正是抓住了这关键一点,这才是保大局的智者作为。

历史随风而去,只留下无尽的空间让人遐想与猜测。

赤壁之战,以孙刘联军的胜利告终,这一胜利,不能不归功于孙刘联合抗曹这一先见的实践。火烧赤壁一战,黄盖功不可没,以诈降为起点,充分利用曹操轻敌冒进之情绪,谋略得以成功实施。孙刘联军自始至终和衷共济,同仇敌忾,终于打得曹操烧战船,丢士卒,狼狈而逃。

赤壁之战胜利以后,孙刘联军的矛盾浮出水面,当诸葛亮的"隆中对"遭遇鲁肃的"榻上策",双方有了共同的终极目标,那就是一统天下。同舟共济终究是要分道扬镳,甚至会反目为仇。

首先,让孙刘起冲突的是荆州问题,荆州均在他们的战略目标之内,矛盾就变得不可调和。但是当务之急却不是解决矛盾的最佳时刻。因为曹操走了,曹操势力却没有彻底消除,江陵是一个重要的战略基地,曹仁与徐晃据守江陵,就存在绝地反击的隐患,必须除之,方能巩固赤壁之战的胜利。因为曹操的牵制,孙刘双方在处理这一矛盾时不得不有所克制,矛盾才避免了尖锐化,但是,孙刘相争是迟早都要面对的问题。

曹操北归,曹仁与徐晃在江陵防御,周瑜与程普率领数万之众乘胜追击,两军交战,周瑜不敌,败下阵来,被迫退守长江南岸，孙刘两军再次隔江对峙。江陵攻防的天平，两军一时之间难以打破平衡。

孙刘两军久持不下，江陵一时之间难以攻下，这时，甘宁向周瑜献计。江陵上游有夷陵，若能将夷陵攻下，然后东西夹击曹军，瓮中捉鳖，手到擒来，攻下江陵不在话下。周瑜听后，甚是赏识，命甘宁率领数百名精锐去取夷陵。

甘宁率领士卒，日夜兼程，靠着夜幕的掩护，以出其不意，攻其不备之势，一举将夷陵拿下，并做好防御工作，然而，毕竟士卒有限，夷陵的防御并不坚固。曹仁得知甘宁攻占夷陵，立即调兵遣将，亲自率领六千余士卒来攻。曹仁到夷陵以后，将其团团围住，并在城外筑成高台，高台之上，众矢齐发，飞入城中，城中一片恐慌，士卒躲闪不及则被乱箭射伤、射死。

连续几日，曹仁借着乱箭的气势，取得了夷陵之战的绝对主动权，但是，夷陵城仍旧不能破，夺回夷陵这一战略要地的计划仍毫无头绪。夷陵城内，甘宁所带士卒不过数百，加上新增投诚士卒不过千人，士卒惊慌失措在所难免，但是，甘宁仍能够镇定自如，谈笑自若，只是命令士卒加强防备，这就如同给属下吃了一颗定心丸，士卒也有了信心。

周瑜在江陵与曹军对峙，接到甘宁的求救，便要去营救，这一决议，遭到诸将的反对。江陵曹军乃是主力部队，周瑜兵力本来就难以与曹仁抗衡，现下若是再分兵入夷陵，恐怕曹军会乘机进攻。面对诸将的反对，周瑜迟疑了。这时，吕蒙站了出来，力辩诸将，并毛遂自荐愿意领兵前去营救，周瑜应允。周瑜以凌统守江陵，亲与吕蒙前往夷陵营救。

在入夷陵之前，周瑜还接受了吕蒙的意见，派遣三百士卒将夷陵入江陵的必经之路，采取各种手段进行堵塞。这样一来，曹仁一旦败退，将不能迅速逃奔，以吕蒙之推断，曹军很有可能舍马而走，孙吴士卒可以趁此追击，并可截获曹军物资。

周瑜、吕蒙入夷陵，鼓舞士气，与甘宁内外夹击，曹仁大败，仓促而逃。正如吕蒙所料，曹军慌不择路，在阻塞的道路上，舍弃马匹，步行而逃，损失更加惨重。甘宁则乘胜追击，曹仁败得惨不忍睹，这一仗周瑜率领士卒凯旋。

当周瑜在江陵奋战的时候，孙权也没有闲着，他亲领士卒北攻合肥，攻城数月，仍旧没有攻下。这时，曹操赤壁战败，率领主力部队北归，孙权听闻曹操派张喜领兵援救合肥，便主动撤兵，途中与张喜遭遇，太史慈战死。

太史慈，字子义，今山东龙口人，本是扬州刺史刘繇的武将，后被孙策招揽，投入其营下。孙策死后事孙权，对孙氏忠心耿耿，屡立战功，死时仅仅四十一岁，临死前，大叹，"大丈夫生于乱世，当带三尺剑立不世之功；今所志未遂，奈何死乎！"这样的感慨与"出师未捷身先死，长使英雄泪满襟"同样让人无奈。后有人作诗称赞太史慈，诗曰：

矢志全忠孝，东莱太史慈。

姓名昭远塞，弓马震雄师。

北海酬恩日，神亭酣战时。

临终言壮志，千古共嗟咨。

曹操很不服气地北归，却也清楚地认识到，南征不是轻而易举能够做到的，认识及此，曹操也就对南征之事释然了，转而专心经营北方事宜。

四郡入手,我很欣慰

曹仁狼狈而逃,周瑜救甘宁,得夷陵,以士卒防守,便率军横渡长江,驻扎在进逼江陵的长江北岸,准备与曹仁再决雌雄。将领意气风发,士卒斗志高涨,周瑜准备乘胜追击,做好了攻打江陵的准备。

周瑜紧张忙碌着,他的盟军刘备也没有闲着,刘备率领主力在荆州游荡,得荆州四郡,轻而易举获得了胜利果实,可以说,刘备在赤壁之战中大获其利,"鹬蚌相争,渔翁得利"虽不恰当,却是刘备的真实写照。

从被曹操打得毫无还手之力,狼狈如丧家之犬,到成为占有一席之地的荆州牧,刘备几起几落,却最终在赤壁之战中成了最大的赢家。自此,刘备走入风水宝地,踏上发家致富之道。江东士卒的尸体,为刘备铺好了前进的道路,刘备不得不感谢周瑜的恩赐。

周瑜意气风发，连战连捷，与曹仁做最后的较量，刘备则步步为营，为铺后路而奔波。刘备先是上表朝廷推荐刘琦为荆州牧，刘琦作为刘表的长子，在荆州的影响与势力是无人能够取代的，这一步棋，刘备走得恰到好处。

刘备派遣诸葛亮与关羽、赵云领兵打着刘琦的名号四处游说。在其说服之下，长沙太守韩玄、桂阳太守赵范、零陵太守刘度归降，不够识时务的武陵太守金旋则宁死不降，最后命丧黄泉，四郡均归于刘琦的名下。令刘备欣喜的是，这时刘琦病死了，这真是死得恰到好处。刘琦死后，在刘备与诸葛亮的共同操纵下，荆州将士推举刘备为荆州牧，刘备顺理成章地接管了四郡。

在收降桂阳时，赵云拒婚的故事成为传诵一时的一段佳话，并为后人津津乐道。刘备命赵云取桂阳，赵云雄赳赳气昂昂领兵往桂阳而去。此时驻守桂阳的是太守赵范，赵范早已耳闻赵云大名，心中惧怕，兵力又不足以与之相对抗，又不愿意真心归附，便以诈降为计，以作他途。

赵范此人诡计多端，为表投诚诚意，亲自到赵云的营寨中自愿投降。赵云是个实在人，投桃报李，对赵范以上宾相待，二人相谈甚欢，又是老乡兼本家，便结拜为兄弟，从此兄弟相称。

赵云、赵范兄弟二人关系持续升温，相处得其乐融融。然而，赵范虽面带喜色，却暗渡陈仓，背地里搞起小计谋，幸得赵云大义凛然又明察秋毫，才躲过陷阱。

这日，赵范宴请赵云，赵云不疑有他，前来赴宴，二人把酒言欢，酒到酣处，赵范神神秘秘，入内请出一妇人，但见那妇人生得眉目如画，唇红齿白，倾国倾城，有闭月羞花之貌，身穿一身缟素，更有古色天香之美韵。

赵云乃真英雄，微醉之下，见如此天仙般的妇人，仍不失态，镇定自如，向赵范询问所谓何意。赵范不紧不慢，面露无奈，假惺惺地长叹一口气，娓娓道来。此妇人是赵范寡嫂樊氏，其兄过世有三年之久，樊氏孤苦，本想为其另寻夫婿，但樊氏眼高，未有入其法眼者。

赵范言，其嫂樊氏择夫婿条件有三：其一，文韬武略，才华出众，名誉在耳；其二，相貌堂堂，有潘安之貌；其三，必须是赵氏家族之人。以此条件择夫婿，实属不易，当世之中，或能具备其中一两条者，不在少数，若三条都具备，那就凤毛麟角了。然而，踏破铁鞋无觅处，得来全不费工夫，现在就有这么一个完全可以过关的人在眼前。赵范定眼望向赵云，眼中意味深长。赵云却泰然自若，起身向樊氏行礼，以兄嫂相称，礼节无一遗漏。

赵云望向赵范，心中已经明白了赵范的用意，却也不点破，继续装糊涂，饮酒畅谈。赵范见赵云对此不言不语，心中没底，便不再打哑谜，敞开天窗，说起亮话，将以其嫂许配赵云，以结累世之好的意思摆上桌面。

话已经挑明,赵云这糊涂就装不下去了。赵范见赵云脸色顿变,心中不禁叫道,大事不妙,果听赵云厉声拒绝,其后便愤然而出,策马而去,其坚决的态度可见一斑。

如此一个绝代美女被赵云一口拒绝,不得不让人惋惜。诸葛亮听闻此事以后,也来凑热闹,"此亦美事,公何如此?"根据罗贯中的记载,赵云当时是这样回答的:

"范既与某结为兄弟,今若娶其嫂,惹人唾骂,一也;其妇再嫁,使失大节,二也;赵范初降,其心难测,三也;主公新定江汉,枕席未安,云安敢以一妇人而废主公之大业?"

参照《三国志·蜀书·赵云传》,罗贯中先生记载属实,但是关于赵云所说其二,似乎与当时风气不符。东汉末年以及三国时期,战乱频发,思想控制减弱,寡妇再嫁并不是什么见不得人的事。就连刘备、孙权、曹丕均娶过再嫁寡妇,所以,在赵云所处时代,寡妇再嫁有失大节这种话是不能从他口中说出的。

罗贯中是元末明初人,那个时期思想控制极为严格,儒家思想深入人心,烈女不嫁二夫已经成为众人心中的一杆无形的秤,很自然地,罗贯中在写作的过程中也会受到这种思想的影响,说出"寡妇再嫁有失大节"这样的话也不足为奇。

却说赵范贼心不死,美人计不成,又施一计。这日,赵范将两心腹陈应、鲍龙唤来,商讨生擒赵云之事。陈应、鲍龙二人提议再施诈降计谋，以他们二人前去投奔赵云，然后与赵范里应外合，将赵云擒拿。赵范依计行事，让这二人领五百士卒前去投奔赵云。

陈应、鲍龙引兵来降，赵云已经看出端倪，但是仍面不露色，欣喜相迎，并置办宴席以礼相待，这二人毫不知情，只管饮酒作乐，这二人大醉，被赵云捆绑。赵云对陈应、鲍龙带来的五百士卒，仍旧以礼相待，士卒感其恩，将实情相告，陈应、鲍龙在醉酒中就掉了脑袋。

陈应、鲍龙事情败露，赵范仍不知情，只管在军中等好消息。这日夜里，趁着月色，赵云以陈应、鲍龙领来的五百士卒为先锋，自领千余士卒断后，往桂阳城而去。城门士卒以为陈应、鲍龙擒赵云而归，紧急报告赵范，赵范喜不胜收，亲往城门迎接，被赵云一举拿下，胜利收复桂阳。

赵云不贪美色，而躲过一劫，明察秋毫而免于一难。可见赵云是一个谋略有加而又不失精细之人，如此才成为一个让人津津乐道之英雄人物。

刘备实力坐稳以后，就领张飞入江陵协助周瑜，周瑜得夷陵，与曹仁对峙，虽然有先前取得的胜利可以鼓气，但是，要拿下江陵也不是轻而易举。刘备到了以后，便献上计谋。江陵城内粮草众多，曹仁防守江陵可旷日持久，长此下去对孙刘联军有弊无利，不若横渡夏水，从曹仁的背后骚扰，以分散他的注意力。

周瑜采纳了刘备的建议，分兵两千于他，让刘备按计划行事。刘备这一计谋确实高明，曹仁背后受敌，必然会领兵防御，周瑜趁此袭击，必然大获全胜。但是，天有不测风云，理想总是美好的，现实却是残酷的，就在刘备领兵北去的时候，遭到了汝南太守李通的阻拦，刘备兵力不足，难以与之对抗，刘备北上的计划被迫流产了。

曹仁一败再败，优势丧失殆尽，恼羞成怒的他向周瑜下了战书，两军一决雌雄的激战就要上场了。

带病坚持工作

刘备遭到汝南太守李通的阻拦，李通在赤壁之战中为曹操平定淮、汝之地，被曹操安置于此。刘备区区两千士卒，不能独挡李通，渡夏水，截断曹仁退路的计划眼看就要流产了。刘备遭遇挫折，一时不能分散曹仁注意力，这就使得曹仁得以专心与周瑜抗衡，周瑜面临重重压力。曹仁一次一次遭遇挫折，又刚失夷陵，心中窝火，恼羞成怒，向周瑜下了战书，誓要与周瑜一决高低，周瑜爽快应战。

以周瑜所处境地，形势对他是十分不利的。无论兵力还是财力，曹仁均占有优势，况且，守城容易，攻城难。周瑜的优势就是将士士气饱满，个个奋勇争先，有这样一支军队，周瑜满怀信心，才会毫不犹豫接下曹仁的战书。

周瑜、曹仁紧张部署战争事宜，只等交战日一到，大战到昏天暗日争出胜负。一切准备就绪，这日子如期而到。周瑜亲自骑马领兵走在队伍最前线，浩浩荡荡往江陵城下而去。曹仁与将军徐晃早已在城楼上等候，这二人也不是吃素的，是曹操手下赫赫有名的大将，曹操能够放心将江陵事务交给二人，足见二人是有些非凡本事的。

周瑜领兵一到江陵城下，两军没有任何寒暄，一场大战就拉开了帷幕。周瑜亲自披挂上阵，身先士卒，一马当先，奔驰而去，江东士卒见将军如此，个个意气风发，紧跟其后，卯足了劲要与曹军一争高低。曹仁当仁不让，看到周瑜就红了眼，恨不得杀之而后快。这样两支军队相遇，其战况可想而知。正当曹仁一心与周瑜激战之时，曹仁后方冷不丁冒出一支军队，受到出其不意的一击，曹仁气急，却闻手下来报，乃是刘备的千余士卒。

原来，刘备与李通一番激战，终究是过了夏水，率领剩余的千余士卒，从曹仁后方而来。刘备虽仅仅有千余士卒，但跟在屁股后面，终究是隐患，曹仁背腹受敌，不得不分兵抵挡，这样一来，就给了周瑜以喘息之机，周瑜趁此猛攻，曹仁前进不得，后退不得，进退两难。

曹仁没有三头六臂，只能是顾此失彼，在与周瑜、刘备的周旋中，处于被动的挨打局面。在背腹受敌的情况下，曹军乱了阵脚，失了方寸，混乱起来，曹仁见如此，再战已经毫无优势可言，便鸣锣收兵，退到江陵城内不出来了。

周瑜率领士卒继续攻城。曹仁城门大关，在城墙之上布满弓箭手，万箭齐发，乱箭从城墙上雨点一般落下，江东士卒顿时乱了方寸，走在最前线的周瑜被乱箭射伤，伤势严重，无法领军，孙刘联军无奈撤兵。

曹仁躲入江陵城，时刻关注周瑜情形，对周瑜中箭一事，起初并不知情，闻周瑜仓促撤兵，并多日不见有动静，心中诧异，便派人前去打听，探子带回的消息让曹仁精神一振，心中大喜，已经熄灭的希望又重新燃烧起来。

周瑜中箭，卧病不起，自然不能领兵打仗，江东士卒没有了周瑜的领导，就成了一盘散沙，若是趁此时机，主动出击，战胜的几率就大大增加，曹仁打着如意算盘，便立即部署起来。曹仁整军待发的消息传到周瑜的耳朵，周瑜在床上再也躺不住了。他一身戎装，出现在士卒面前，威风凛凛如昨日，士卒哪里还看得出周瑜身负重伤，但是，周瑜身边的人却清楚，周瑜是强撑着负伤的身体。周瑜检阅士卒，鼓舞士气，看士卒斗志昂扬，周瑜一颗悬着的心，总算是重归原位。

周瑜做好了迎敌的准备，曹仁却畏惧了。原来，曹仁对周瑜十分忌惮，便再次派人打听周瑜近况，却闻周瑜检阅士卒，知周瑜伤势并不严重，周瑜仍能够亲领兵，又听说江东士卒在周瑜的鼓舞下雄赳赳，气昂昂，便不敢轻易开战，取消了主动出击的计划。曹仁不来攻，正合了周瑜的心意，周瑜伤势未愈，正期待能够有时间养病，曹仁为其创造了这么一个机会。周瑜安排部署好防御事宜，又重新回到病床，专心养伤，没有几日，箭伤基本痊愈。

一个意气风发的周瑜回来了，曹仁的安稳日子再次动荡起来。周瑜整军，有破江陵之气势，曹仁不得不做好迎战的准备，两军对峙一年有余，正当待发之时，北方的曹操却来了命令，令曹仁从江陵撤兵，退守襄樊。

赤壁一战，曹操战败，虽不服气，却也不得不承认一个事实，那就是，荆州已经失去，面对团结的孙刘联军和野心勃勃的孙权、刘备，要想重新夺回对荆州的控制权，不是轻而易举能够办到的，也是不现实的。继续据守江陵，持续打下去，只会增加军事负担，长此以往，不仅得不偿失，对曹操也十分不利，况且北方的战线巩固也是亟待解决的问题。面临北方此起彼伏的起事，曹操认为有必要收缩战线，将兵力集中于北方事宜。

曹操下达了放弃江陵的命令以后，曹仁马不停蹄地往襄樊方向退去。周瑜这个瘟疫，终于可以摆脱了，曹仁对周瑜的忌惮到了无以复加的地步，正盼着能够早日从江陵脱身，盼望着，盼望着，就盼来了曹操撤兵的命令，正合了曹仁的心意。

曹仁放弃江陵，退守襄樊，周瑜顺理成章地接管了江陵，得江陵对据荆州有着至关重要的作用。周瑜拿下江陵，这正弥补了孙权围攻合肥失败的失落。孙权分外高兴，便将周瑜提拔为偏将军，兼职南郡太守，镇守江陵重地。跟随周瑜打仗的元老级大将程普被任命为江夏太守,程普心中的不平衡感无论如何也压抑不住了,再次爆发。

程普不服周瑜由来已久,在二人的交往中,周瑜表现出了大度的胸襟,这与演义小说中的描述是截然不同的。周瑜不仅大度而且谦让,有容忍之量。

当世之人,对于周瑜的印象颇多受到东晋以来的史书与明清演义的影响。东晋以后,颇多史书均是以承接汉室姓氏的刘氏蜀国为正统,对于曹氏之魏,孙氏之吴,自然有众多贬低之处,有如诸葛亮被写成集智慧与谋略于一身的神机妙算般的神仙人物,曹操则被刻画成一个十足的奸雄形象,而周瑜则被描述成一个小肚鸡肠,被诸葛亮三气而英年早逝的满腹嫉妒心思的小人物。

周瑜作为孙权手底下第一号大将,不仅品行高尚,更能平易近人。程普历任三代,是孙氏集团中的元老级人物,德高望重,被人尊称为"程公",这位"程公"依仗资历深,多次不把周瑜这个年轻的上司放在眼里,并多次恶言凌辱。

面对下属对自己能力与名誉的质疑,周瑜一笑而过,并没有放在心上,能够做到如此,周瑜的大度可见一斑。周瑜一如既往地与程普相处,不曾因为恶言而有所嫉恨,如此以往,程普便对周瑜这种顾全大局、大公无私的作风感动了,放下心中不平,与周瑜同心同德,取得了赤壁之战的胜利。

江陵一战,程普出力颇多,但仍旧位居周瑜之下,心中的不平再次显露,但见周瑜并没有恃宠而骄,依旧一如既往待人接物,对己没有任何怨言,程普心中的愤怒也就渐渐冷却了,这就是周瑜品行的魅力,就如春风沐浴,能够抚平心中的寒冷。

都是枭雄谁怕谁

周瑜攻下江陵，关羽、张飞则已经将荆州四郡纳入刘备旗下。汉献帝建安十四年（公元209年），新任荆州牧刘琦很是适时机地病死，刘备顺理成章坐上荆州牧的位置。眼见刘备从一个落魄书生成为当世枭雄，羽翼日益丰满，有夺荆州之势，孙权心中焦急，却也不得不正视这个既成事实。周瑜见赤壁之战的成果日益被刘备洗劫，担心刘备成为日后隐患，便向孙权谏言，借机将刘备扣留，一绝后患，但是，孙权另有他算，没有接受周瑜的劝诫。

曹操从江陵撤兵，屯兵襄樊，势力仍然不可小觑。鉴于此，孙刘联盟的存在仍然有必要，为与刘备结好，孙权表刘备领荆州牧，使刘备这个荆州牧坐得名正言顺。这年，周瑜得江陵，孙权命其在江陵划出一地给刘备，让其驻守公安，不仅如此，孙权为对付曹操，加强与刘备的联盟关系，孙权还将自己的妹妹孙夫人嫁给刘备，成为姻亲，历史上称"进妹固好"。

孙权之妹，后人称之为孙夫人，东吴郡主，是孙坚之幺女。在历史上有名氏记载的孙坚的夫人有两位，乃是吴氏姐妹。孙坚的正妻吴夫人有四子，孙策、孙权、孙翊、孙匡。吴夫人之妹，也就是孙坚的次妻生有一子一女，其子名孙朗，其女就是这位我们重点要讲的枭姬。

关于孙夫人其真实姓名，并没有明确到让人信服的记载，陈寿在《三国志》中，没有明确提到，东晋史书《汉晋春秋》将其称之为孙仁献，"孙夫人者，汉破虏将军坚之女也，名仁献"。在《三国演义》中将其称之为孙仁，但是裴松之的《三国志注》中，认为孙仁乃是孙夫人其兄孙朗的别名，所以至今我们仍旧不能确认哪种说法是正确的。

孙夫人其名流传最广，也最为人所熟知的就是孙尚香这个名字，此名更具有女性气息，来源于戏剧《甘露寺》，自此流传后世，不过在此我们还是以孙夫人称之。孙夫人继甘夫人之后，成为刘备的第三任夫人，孙夫人无貂蝉、二乔闭月羞花之容颜，无蔡文姬旷世之才华，但是，能够名传青史，自然也不是一个简单人物。

孙夫人生于武将之家，自幼受到熏染，耳濡目染的她练得一身好武艺，这在三国之中算是一枝独秀，万绿丛中一点红。三国中每一个角落充斥的都是男人的身影，孙夫人的出现让

"巾帼不让须眉"不再是传说。

自幼喜好武艺的孙夫人,虽有雄心壮志,却终究无法打破传统的藩篱,与父兄一同征战沙场。孙夫人一身武艺无法施展,只得在家中与下人弄刀舞剑,还组成了一支女子武艺队。孙夫人身边的侍女无不会耍刀舞剑,更是刀不离身,箭不离手,这在当时传为一时佳话,江东父老将其称为"弓腰姬"。

孙夫人"才捷刚猛,有诸兄之风",周瑜曾美赞曰,"极其刚勇,侍婢数百,居常带刀,房中军器摆列遍满,虽男子不及",时任扬州牧的前将军吕范也曾经不吝赞美,称其"美而贤,堪奉箕帚;身虽女子,志胜男儿"。就连三代老将程普对孙夫人这个郡主也有三分忌惮,"郡主自幼好观武事,严毅刚正,诸将皆惧"。

空有一身本领的孙夫人,整日在与下人小打小闹,终究满足不了她不安分的心灵。一身的本领却无法施展,这让她非常不平却又无奈。战场上冲锋陷阵一直是孙夫人的夙愿,但是满腔的热血被儒家礼教与父兄紧紧束缚,父兄一句一句任性胡闹将其一次一次打发,不能建功立业,不能为苍生尽力,孙夫人只能寄希望于嫁个英雄夫君。

"待字闺中有誓愿,慰平生当嫁盖世英雄郎",不能成为英雄,只能退而求其次,在英雄之侧,助其一臂之力,孙夫人抱着这样的希望与憧憬度过了一个一个春夏秋冬。这日,孙夫人的侍女听闻主公要将郡主嫁给刘备之时,犹如晴天霹雳,话说这刘备已经年近五十，而孙夫人正当妙龄，尚且是个待字闺中的黄花闺女。侍女心中大叫大事不妙，连忙一路小跑，将此消息告诉孙夫人，哪知孙夫人听说以后，并没有过度的反应，仍旧一脸平静，波澜不惊的她看不出任何心理变化。

孙夫人不吵不闹，以她的任性态度，能够如此，这不禁让人丈二和尚摸不着头脑，郡主心中作何感想？侍女无不猜测。孙夫人的沉默无异于默许了嫁给刘备之事，可见孙夫人对此事并无排斥，年轻而又胸怀大志的孙夫人看中了同样野心勃勃的刘备，这也许就是物以类聚的吸引力所致吧。

刘备羽翼逐渐丰满，毕竟还在孙权的控制之下，对于孙权仍然忌惮三分，孙权以其妹相许，刘备自然不敢反对，况且能够娶到年轻而有胆识的孙夫人对他来说未必不是一件好事。孙权、刘备二人一拍即合，孙夫人的命运就在二人谈笑之间瞬时转变。

孙夫人的人生瞬间天翻地覆，她的身份不同了，由吴国郡主成为一代枭雄的夫人，因此才有了"枭姬"这样的称号。当然，这个称号绝对不是因为成为刘备的夫人而得到的附加值。若是如此，刘备一生有多个夫人，为何他们不能如孙夫人一般名声显赫？孙夫人被称为枭姬，多半是个人魅力的体现。

刘备得此娇妻，心中却并不欢快，毕竟，一个整日弄刀舞剑的夫人，反倒是能唤起男人心中的自卑，况且这个夫人是孙权之妹，刘备心知肚明，孙夫人不过是孙权安插在自己身边的一颗棋子，前来监视他罢了。

在孙夫人面前，刘备畏畏缩缩，将自己的野心紧紧隐瞒，就连诸葛亮也不无感慨地道，"主公在公安时，北畏曹公之强盛，东惮孙权之进逼，近则惧孙夫人生变于肘腋之下；当此之时，进退狼跋……"

人在屋檐下，不得不低头，刘备忌惮孙权，对孙夫人自然不敢忤逆，所以在公安的日子，二人倒是相敬如宾。刘备嘘寒问暖，无不体贴，孙夫人安心做起了居家小女人，对孙刘两家的纷争全然不参与，毕竟，一个是娘家，一个是夫君，这其中关系，让孙夫人左右为难。孙夫人是聪明人，索性谁也不帮，采取中立态度，冷眼看虎斗。孙夫人表面的平静，终究是无法掩盖内心不平的波澜，毕竟心中有个进退维谷的抉择。

在此，我们不敢妄断刘备对孙夫人的感情真假与否，但是，刘备在返回荆州谋得一席之地，足以与孙权相抗衡以后，对孙夫人的态度就截然不同了，不管不问不说，更是有了新欢，把旧爱抛之云外了。以此来推断，我们似乎可以有隐约的论断，刘备正如孙权一样，不过是在利用这颗棋子罢了，这样虚伪的爱情麻痹了孙夫人的戒备心，一步一步落入刘备设好的陷阱之中。

用婚姻巩固和发展两个政治集团暂时的友好关系，这在历史上一向是一个屡试不爽的手段，因此女人就成了政治婚姻的牺牲品。对于女人来说，能够在这样的政治婚姻中得到幸福者凤毛麟角，因为姻亲关系，仍然不能阻挡日益膨胀的野心，当条件成熟，有谁还在乎这只有一层薄纸一样的姻亲关系，女人理所当然就被抛弃了。

曹操占据北方，势力强大，孙权虽然屡胜于他，但仍然畏惧，江东以一己之力抗拒曹操，不在力所能及的范围，需要刘备对曹操的牵制，所以，一次一次向刘备伸出友好之手，但是随着两个势力集团的发展，这层关系终究是会被打破的。

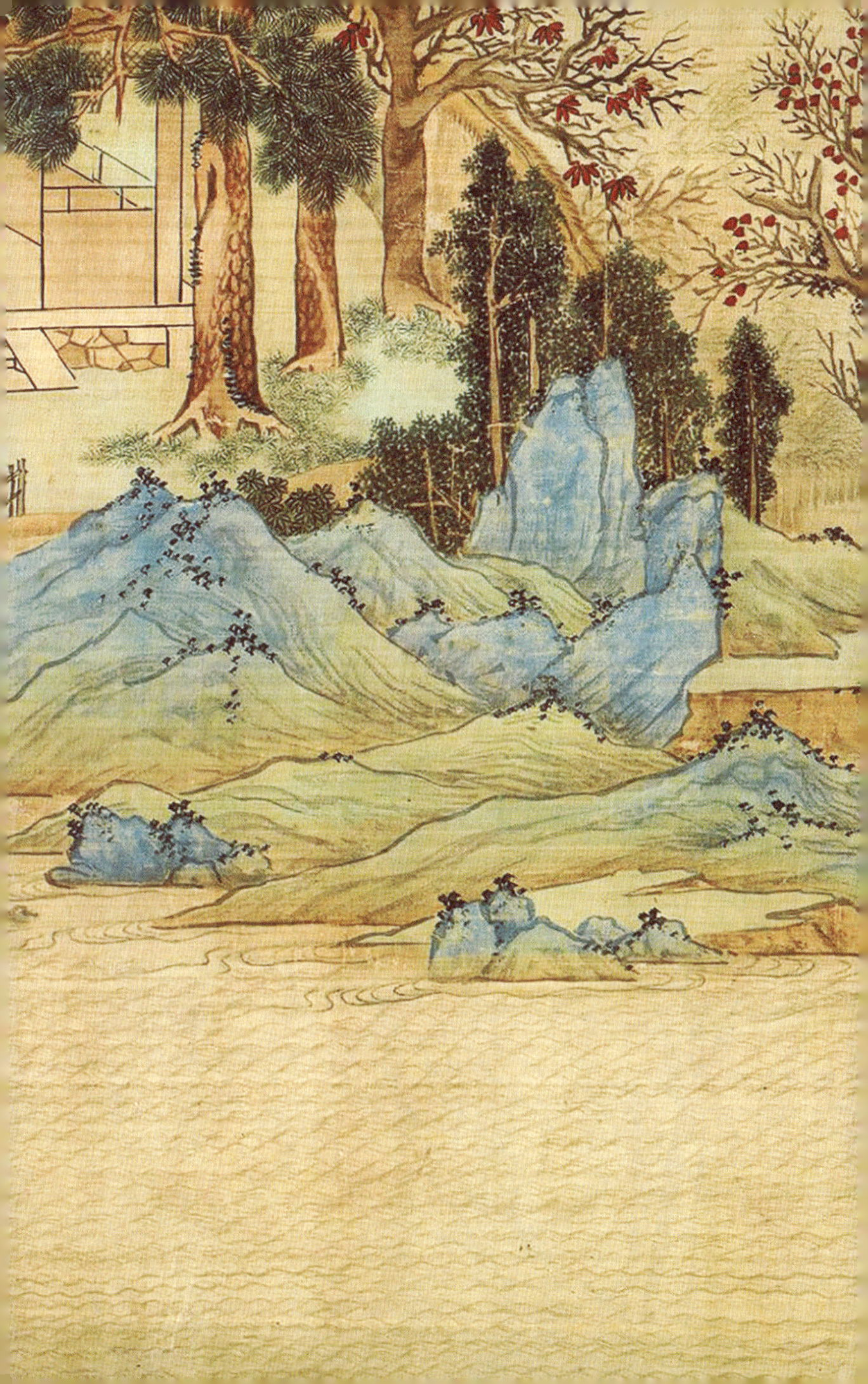

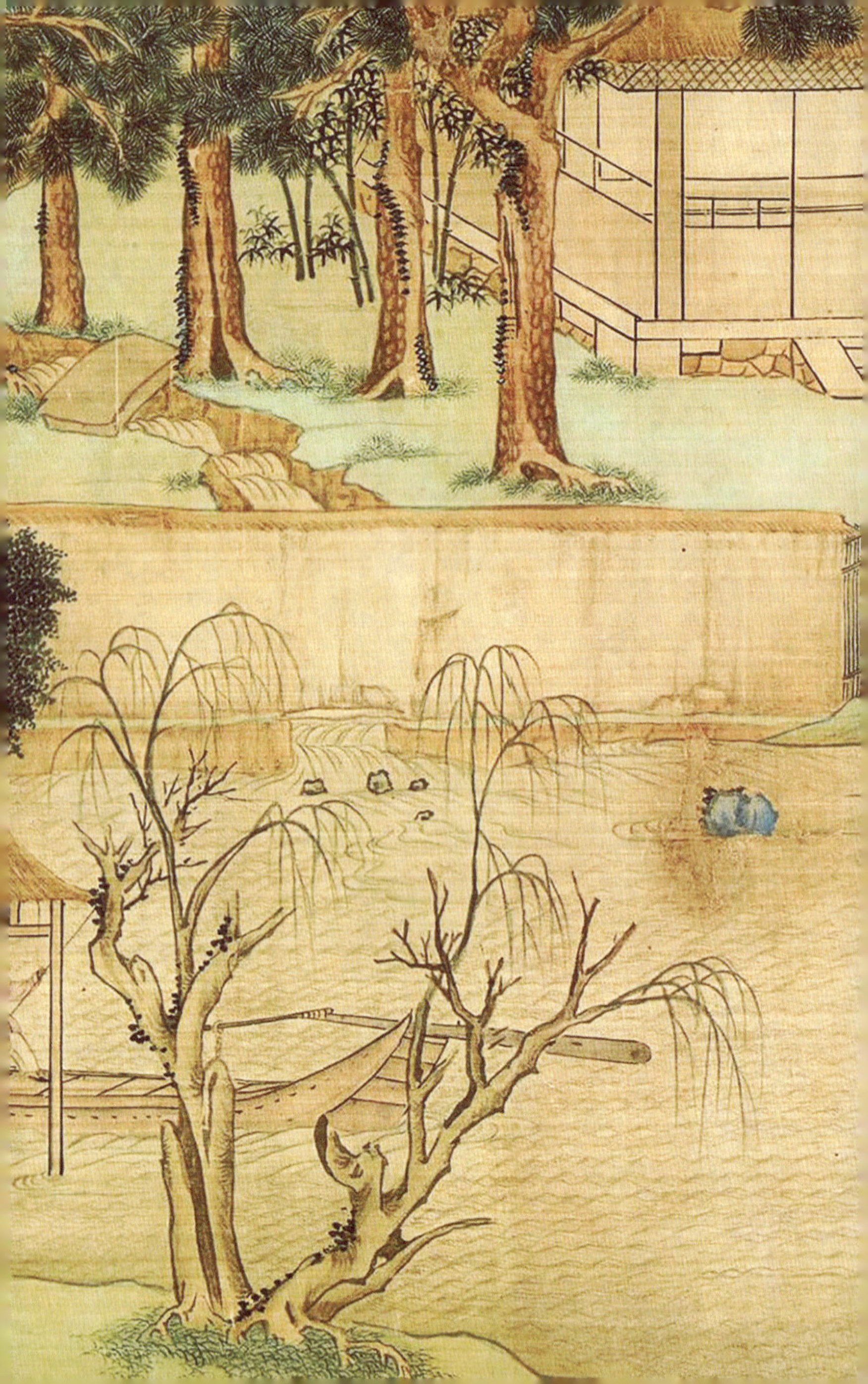

荆州先借用一下

孙权将其妹孙夫人嫁给刘备，以"和亲"政策换来了暂时的同盟。众多演义类史书中，将此事与周瑜和诸葛亮扯上关系，综观史书，此事与二人根本沾不上关系，所以关于周瑜"赔了夫人又折兵"的谚语纯属虚构，无史料可查。此事完全冤枉了周瑜，夸大了诸葛亮，这与史书著者所处的环境与背景不无关系。

刘备娶孙夫人之后，孙刘集团在一段时间内相安无事。刘备以荆州四郡为发展基地，因为江陵的阻挡，却难以向外扩张。荆州有八郡，南阳（今河南西南）、南郡（今湖北西部）、江夏（今湖北东部）、长沙（今湖南东北）、桂阳（今湖南东南）、武陵（今湖南西北）、零陵（今湖南西南）。

当时的形势是，曹操占据南阳，以及南郡北部的襄阳；孙权占据南郡大部分与江夏，荆州重地南郡首府江陵也在孙权手中，由周瑜坐镇。刘备则占领荆州四郡，零陵、武陵、桂阳、长沙。刘备被推举为荆州牧，并且占领荆州大部分地区，荆州之地可谓是刘备的天下，但是，江陵被周瑜镇守，这就阻挡了刘备的扩张。刘备向北不能进，向西则不能占益州，因此夺取江陵至关重要。

汉献帝建安十五年（公元210年），大婚之后的第二年，刘备以省亲为名义，离开荆州前往江东，面见孙权，请求借荆州，这里说的借荆州其实是借周瑜镇守的江陵。然而，雄才大略如周瑜，刘备野心勃勃，满心扩张，周瑜又何尝不想？刘备的这一请求，立即得到周瑜的反对。周瑜置孙刘姻亲这层关系于不顾，高瞻远瞩，提出将刘备拘留，以免放虎归山，留有后患。然而孙权出于种种考虑，没有采纳周瑜的建议。孙权步了曹操的后尘，犯了与曹操同样的错误，也许不久以后的某一个时刻，孙权想起此事，不得不为这一决定而后悔莫及。

孙权没有软禁刘备，当然不完全是出于道义上的姻亲关系，毕竟成就大事业，儿女私情已经不在考虑范围之内，也许这样的说法，有些武断，但是，至少孙权的策略之中并不把与刘备的姻亲关系作为重点考虑。

正当江东将领为刘备借荆州一事众说纷纭之时，曹操又有了新的动向。赤壁之战以后，曹操虽然有所收缩，然而毕竟饿死的骆驼比马大。贼心不死的曹操仍在四处张望，看准了四川这块宝地。然而,周瑜已经有了取四川并张鲁,然后占据曹操防御前线襄阳的计划,襄阳一破,中原的门户就大开,这样一来,破曹操就指日可待了。

周瑜计划周密,如意算盘打得也很妙,此计划一出,孙权不得不为周瑜的气魄所折服,满口支持周瑜计谋,并委任周瑜全权处理此事,然而,天有不测风云,人有旦夕祸福,就在周瑜意气风发,去往夺取四川的路上,周瑜箭伤复发,不幸身亡。

一部《三国演义》让众多的人对周瑜的形象记忆深刻,周瑜完全被刻画成一个心胸狭隘而又嫉贤妒能,处处与诸葛亮过不去的一个小丑形象,最后落得一个被诸葛亮气死的下场,那句"既生瑜、何生亮?"的感慨,成了人人都能哼吟的千古讽刺。

罗贯中的刻画,完全颠覆了周瑜的形象,周瑜成了三国中的冤大头,他的存在似乎只是为了衬托诸葛亮的谋略。《三国演义》将周瑜、诸葛亮二人的斗争刻画得一波未平一波又起,周瑜聪明,一计比一计有智谋,然而均被诸葛亮一一看穿,然后一一破解,周瑜终于经不起一而再再而三的打击与挫折,最后吐血身亡,竟然被气死了。

纵观史料,我们不得不对此事的真实性产生怀疑,这其中众多扣人心弦却是子虚乌有的事情,不过是众多演义小说家的某种需要而虚构的事情罢了。再读正史,我们不得不为周瑜喊冤，周瑜才智不在诸葛亮之下，二人平分秋色，均是三国中让大众津津乐道的谋略人物。

周瑜死时，年仅三十六岁。周瑜死后，孙权痛哭流涕，不禁感慨，"公瑾有王佐之资，今忽短命，孤何赖哉！"孙权穿上素衣，亲为周瑜奔丧，君臣关系可见一斑。周瑜乃是孙权的左膀右臂，他的英年早逝，对孙吴集团的走向产生了重大的影响。

孙权以鲁肃接管周瑜事务，领江陵事务，又任命程普为南郡太守，局势暂且得到稳定。刘备借荆州之事再次提上日程，周瑜是坚固的强硬派，对此事坚决反对，他这块绊脚石消失以后，事情的发展有了转机。

接任周瑜事务的鲁肃，在赤壁之战前夕，曾亲手促成孙刘联盟，此刻他仍旧是孙刘联盟的强力支持者。"备诣荆州见权求都督荆州，惟肃劝权暂借之共拒曹公。"（《三国志·吴书·鲁肃传》）周瑜去世以后，鲁肃的意见就显得格外受到重视。鲁肃进谏孙权道，"将军虽神武命世，然曹公威力实重。初临荆州，恩信未洽，宜以借备使抚安之"。

孙权接受了鲁肃的意见，把江陵借给刘备。孙权是出于什么原因将江陵重地借给刘备，有众多猜测。有学者称，天下没有免费的午餐，刘备借荆州必然是有付出的，那就是割让自己占有的部分土地作交换，换取了江陵，这种说法合情合理，颇能让人信服，只是没有能够让人确信的证据。

还有一种是大众化的观点，当时形势严峻，曹操虎视眈眈，孙权还需要刘备对曹操的牵制，不敢与刘备为敌，孙权曾经说过，"非刘豫州莫可以当曹操者"这里面虽然有对刘备的奉承，却也是事实。毕竟老虎在侧，有个小伙伴，终归是个依托。

其实，以当时之形势，就算是以武力相见，孙权也未必能够占尽优势。刘备占有荆州四郡，这是荆州的大部分，刘备自己驻守公安，与驻守在江陵以西的张飞和长江以北的关羽形成犄角之势，江陵已经在三人的包围之中，迫于这种形势与北方曹操的压迫，孙权将江陵交给刘备。

刘备势力日益膨胀，告别寄人篱下的流亡岁月，步步为营，走上称王称霸的道路。这些曹操看在眼里，露出狡黠的眼光，嘴角藏不住的冷笑，让人不寒而栗。诚如曹操所想，刘备的日益强大，对孙权来说，终究会成为威胁。按照常理推论，刘备去孙权处，无异于羊入虎口，有去无回。曹氏集团中多数人抱着这样的心态，这其中包括曹操，他们只等看好戏上演，然而，孙权的决定，让曹操大吃一惊，事态的发展太突然，结局太出人意料。这日，曹操正在书房练笔，忽闻孙权将荆州借给刘备，曹操不禁失态"笔落于地"。其实，在此之前，曹操的谋臣程昱就已预料到这样的结果，他曾对曹操道，"权所惮者曹公无敌于天下……权虽有谋，不能独当也。刘备有英名，关羽、张飞皆万人敌也，权必资之以御我"。曹操对此不屑一顾，并没有放在心上。

孙权"以土地业备",这对曹操来说,倍感压力。一个劲敌的出现,使得曹操在以后的策略中不得不在思想上有所顾虑,行动上有所收敛。刘备悄然崛起,加入到称雄争霸的行列中,三国鼎立的局面,正一步一步走向成熟。

其实你不懂我的好

士元死千载,凄恻过遗祠。

海内常难合,天心岂易知。

英雄千古恨,父老岁时思。

苍藓无情极,秋来满断碑。

——陆游《鹿头山·过庞士元墓》

在今四川德阳市罗江县白马关侧有一处省级文物保护单位,是三国时期刘备谋士庞统的祠墓。祠内庭院有两株松柏,有近两千年的历史,相传是张飞亲手所载,由庭院直走,便可见正门上的一对门联,"明知落凤存先帝,甘让卧龙作老臣",这是对庞统短暂一生的赞颂。

此地后来被称为落凤坡,是庞统主公刘备为其亲选,时称

"南临益州开千里沃野,北望秦岭锁八百连云,东观潼川层峦起伏,西眺岷山银甲皑皑",可谓是一块风水宝地,也可见刘备、庞统君臣相知、相托非同寻常的关系。

庞统,字士元,襄阳人,早年便负盛名,被人称为"凤雏",意为有朝一日定会展翅高飞,翱翔于九天之上。庞统在荆州结识了众多避难于此的当世名士,与诸葛亮又师出同门,在荆州颇有名气。徐庶将其与诸葛亮并称,向刘备称赞二人,"卧龙凤雏,得一而可安天下也",能得如此评价,可见庞统不是一般人物。

然而,庞统在被刘备重用之前颇不得志,名马虽在,却无伯乐,这是众多士人共同的悲哀。"凤翱翔于千仞兮,非梧不栖;士伏处于一方兮,非主不依",庞统胸怀大志,腹有非凡才华,却有着士人的高傲,不肯轻易择主,随便应招。

赤壁之战之前,庞统并无所作为,只管韬光养晦,却也是眼观八方,入仕之心一日不消,只等择得志同道合之君主。机会来临,庞统迫不及待大鹏展翅,只恨天低云密,庞统一次一次碰到了现实的墙壁。好事多磨,庞统的入仕并非一番顺利。赤壁一战,孙权可谓是出尽了风头,实力渐渐显现,庞统见孙权年轻气盛,有成大业之气象,当世英雄曹操就曾不吝称赞地道,"生子当如孙仲谋"。

庞统在孙权身上看到了自己的前途,便认准了孙权,前去投靠。然而,事情的发展却不是朝着庞统预料的方向前进,孙权手底下贤臣能将不在少数,指挥赤壁之战的周瑜便是其中的佼佼者。

赤壁一战,周瑜统领孙刘联军以少胜多,打败曹军,其功劳不可小觑,孙权对周瑜心中的感激与信任自是不用言说,周瑜在东吴君臣百姓之中的形象步步高升,其势不可抵挡。然而,庞统来了以后,对周瑜颇多怠慢,周瑜气量宽宏,对此并不计较,但是,孙权不允许这样的事情发生,以后还有颇多事宜要劳烦周瑜,孙权不允许任何人打破这种信任。

孙权将庞统打发到周瑜那里,意思是任君处置。庞统到了周瑜那里,成了周瑜手下的一名功曹。这周瑜显然不是《三国演义》中罗贯中先生描述的小肚鸡肠的模样,被诸葛亮略施小计就活活气死。周瑜大度,没有与庞统一般计较,始终待之如一。

庞统在周瑜处为功曹,二人不仅相安无事而且相处颇为和睦。庞统才华出众,又善与人相交,名气渐渐响起并日益大起来。赤壁一战之后,周瑜野心勃勃,意气风发,便想趁势"得蜀而并张鲁",结缘马超,然后占据襄阳,以此为根据地直追中原,实现"北方可图"的志向。

周瑜一片赤诚,孙权对其也是信任有加,然而,天有不测风云,人有旦夕祸福,就在周瑜跨步走在梦想的路上之时,病魔不期而至,不久死神将其带走,周瑜的满腹抱负,也随之而去。周瑜去世,庞统作为周瑜功曹,礼节上应为周瑜送丧。这日，庞统到吴地送葬，在吴地停滞数日。此行让庞统一鸣惊人，成为史书争相记载的佳话，庞统之才名不胫而走。

庞统到吴地，颇受名士欢迎，吴地名士多闻其大名，盼早日相交。庞统与东吴名士相交甚欢，一扫周瑜去世的阴霾。只是，庞统在此终不能长久停留，孙权对庞统的偏见并没有随着时间的流逝而消逝，吴地不是久留之地，孙权不是可以托付的主子，庞统要离开了。庞统离开的消息传开，吴地众多士人前来为其饯行，齐集于会昌门，吴地名士陆绩、顾劭、全琮等均在其中。一番寒暄，惺惺相惜，庞统也不客气，将心中所想一一而发，品评起他们来。

"陆子可谓驽马有逸足之力，顾子可谓驽牛能负重致远也。"庞统指指陆绩，又指指顾劭，语重心长，陆绩、顾劭点头，心中有所不解。庞统又转向全琮，"卿好施慕名，有似汝南樊子昭。虽智力不多，亦一时之佳也。"(《三国志·蜀书·庞统传》)

来不及多说，入荆州的船只已经不能等待，陆绩、顾劭一句"使天下太平，当与卿共料四海之士"让庞统热泪盈眶，庞统心中对这二人也更加亲近了一些。话已至此，人要离去，庞统登上客船，往荆州而去，吴地士人恋恋不舍，频频挥手不归。

驽马精良，但终究只能承载一人而已，驽牛虽慢，日行不过三十里而已，其承载却是驽马不可相媲的。以庞统之见，顾劭之能要比陆绩强些。

庞统与东吴士人相交,陆绩、顾劭均成为其好友。这日,顾劭入荆州,便去拜访庞统。故人相见,两人相谈甚欢,同睡同食,多日促膝长谈,一抒心中志向。顾绍知庞统素有知人之能,便开始了一番臧否人物的论断,庞统也不讳言,对顾绍所问皆坦诚相言。最后,庞统自称"论帝王之秘策,揽倚伏之要最,吾似有一日之长"。(《三国志·蜀书·庞统传》)

周瑜死后,庞统无所依托,成为游侠士人,但入仕之心不减,好友鲁肃便将其推荐到刘备那里去。赤壁一战,刘备终究有了一席之地,成为最大的赢家,野心指日膨胀,心中大志路人皆知。庞统观刘备有成大业之能,便也不再推脱,投奔刘备去了。刘备不知庞统之能,初见不敢深信,更不敢重用,便以其任耒阳令。庞统志不在此,心不在焉,更不理县里事务,可想而知,政绩自然好不到哪里去,终究被罢免了官职。庞统被罢官,鲁肃见刘备未能识得庞统之能,便再次写信举荐庞统,信中对庞统多有称赞,评价甚高,"庞士元非百里才也,使处治中、别驾之任,始当展其骥足耳。"(《三国志·蜀书·庞统传》)诸葛亮也向刘备极力推荐庞统,刘备见这两位重量级谋臣如此看重此人,便再次召见了庞统。

刘备与庞统二人相谈甚欢,上古下今,庞统皆能言一二,说出个所以然。刘备听庞统一番言论,对其大为改观,先是任其为治中从事,后又以其为军师中郎将,其地位仅次于诸葛亮。

庞统不屑于治理一县,在鲁肃与诸葛亮的推荐下,刘备终于识得庞统庐山真面目,委以大任,为刘备的蜀国大业立下汗马功劳。

个个都是美少年

从明后以嬉游兮,登层台以娱情。见太府之广开兮,观圣德之所营。

建高门之嵯峨兮,浮双阙乎太清。立中天之华观兮,连飞阁乎西城。

临漳水之长流兮,望园果之滋荣。立双台于左右兮,有玉龙与金凤。

连二桥于东西兮,若长空之虾蝶。俯皇都之宏丽兮,瞰云霞之浮动。

欣群才之来萃兮,协飞熊之吉梦。仰春风之和穆兮,听百鸟之悲鸣。

云天垣其既立兮,家愿得乎获逞。扬仁化于宇内兮,尽肃恭于上京。

惟桓文之为盛兮，岂足方乎圣明？休矣！美矣！惠泽远扬。

翼佐我皇家兮，宁彼四方。同天地之规量兮，齐日月之辉光。

永尊贵而无极兮，等君寿于东皇。御龙旗以遨游兮，回鸾驾而周章。

思化及乎四海兮，嘉物阜而民康。愿斯台之永固兮，乐终古而未央。

——曹植《铜雀台赋》

在今河北省邯郸市临漳县，有一处古邺城遗址保护区，此地在县城以西十七公里的三台村。古邺城建成于春秋齐桓公时期。曹操一统中原，好大喜功的他自然在此要有所作为，为振君威，立君信，曹操命人重建了邺城，修建三台，称之为铜雀、金虎、冰井，前为金虎台、中为铜雀台、后为冰井台，毋庸置疑，这铜雀台意义非凡。

铜雀台位于三台中间，南与金虎台、北与冰井台相去各六十步，是以邺城之北城城墙为基础建立起来的。三台之中，铜雀台最为与众不同，气宇轩昂，层台累榭，丹楹刻桷，精雕细刻，可谓是鬼斧神工。

据史书记载，铜雀台高有十余丈，台上又建起殿宇，据称仅仅台上的殿宇就有五层楼之高。台上殿宇有百十间，其气势可谓是一言难以形容。台式建筑是中国古代建筑的一种形式，起源于西周时期，经历了春秋战国几百年的成长，到秦汉时期日臻成熟，铜雀台代表了台式建筑之巅峰。

铜雀台自汉献帝建安十五年（公元210年）建成，因邺城为后赵、冉魏、前魏、东魏、北齐六个割据王朝的都城，铜雀台得到多次重建与修葺，得以保存。后因战略重心的转移，邺城失宠，铜雀台也不再受到重视，到明朝末年，铜雀台已经被毁坏得难以辨认。近年来，出于对古建筑遗址的保护，再次重建铜雀台，基本恢复原貌。

传说记载，这铜雀台之渊源，来自曹操一时之灵感。曹操东征西战，破袁氏兄弟，这日，曹操领兵入邺城，在此休整军队，稍作停歇，夜间忽梦金光闪闪，由地而生，曹操大为惊异。第二日，曹操命人到金光处查看，竟然掘出一只铜雀。谋士荀攸大喜，认为这是吉兆之征象，昔日，舜的母亲梦见玉雀入怀，有感而生舜。听荀攸这么一说，曹操不禁眉开眼笑，便将这其中一台命名为铜雀台。

当然，这只是传说，是罗贯中先生在《三国演义》中杜撰出来的故事情节。据记载，铜雀台之上，并无铜雀，而作为建安文学的基地，建安文学作品中也并无对铜雀的任何记载，所以，曹操为什么将其命名为铜雀台，史书中并无史实可以查阅，我们也就无从知晓了。

曹操以铜雀命名，必然意有所指，在古诗中我们可略见端倪，"长安城西双员阙，上有一双铜雀。一鸣五谷生，再鸣五谷熟"。曹操以铜雀命名，意求五谷丰登，这也不无道理。

铜雀台建成，曹操在铜雀台宴请群臣，文武皆往。饮酒作诗，比武选能，曹操更是雅兴大发，慷慨激昂，力陈志向。众群臣激情万丈，热情澎湃，匡扶天下的美好前景仿佛就在眼前，凯旋的号角宛若就在耳边。

曹氏君臣觥筹交错，对酒当歌，吟诗写赋，歌舞相伴，其盛况似有天下太平之势。曹操之子，曹丕、曹植均上台为赋，曹丕一篇《登台赋》，以"飞间崛其特起，层楼俨以承天"两句惊人，但比之曹植，仍旧略逊一筹。

曹植文采斐然，才思敏捷，一篇《铜雀台赋》一蹴而就，赋中语句优美，有语不惊人死不休之势，一时之间，《铜雀台赋》传为美谈，曹植之才名成为众人津津乐道的话题。曹操听曹植一篇《铜雀台赋》，心中大喜，便萌生了立幼的念头。

曹操一生拥有女人无数，是后人公认的好色之徒。曹操是奸雄，更是英雄，美人爱英雄，英雄惜美人。据史书记载，曹操的女人，有名氏的就有十五位，由此我们可以推断，曹操的女人最起码在十五位以上，十五位只是一个最低数字。

有如此多的女人，儿女自然也少不了，曹操一生有二十五个儿子。乱世之中，社会不稳定，又兼战乱频发，人口的死亡是常事，就算是生在像曹操这样的一方霸主之家中的儿女也不能例外，曹操二十五个儿子中，死在曹操之前者不在少数，有一半之多。

众多儿子之中，曹操独爱曹冲。我们初识曹冲应该是在小学，课本中有一课名字叫《曹冲称象》，文中曹冲机智聪明的形象给我们留下了深刻的印象。少有大智慧的曹冲，兼有仁德，甚得曹操喜爱。曹操毫不避讳喜爱之情，对此在众人面前夸赞曹冲，做臣子的心照不宣，曹操是有意将王位传给曹冲。然而，天妒英才，曹冲英年早逝，十三岁病死，曹操悲恸欲绝，好生安葬。

曹冲死后，王位之选成了一个疑问，"操于诸子，将择才而与之，意不专在嫡"，在这些儿子之中，有实力者集中于曹丕与曹植二人。曹丕与曹植同为卞夫人所生，曹丕大曹植五岁。曹丕文武兼备，能文善武，跟随曹操南征北战，在军中颇有威望。曹植之能在文，十几岁时古诗文赋多有背诵，并写的一手好文章，这点颇得曹操赏识。

曹操在这二人之中流连徘徊，自始至终没有明确的抉择，曹植一篇《铜雀台赋》震惊在座，众人颇为曹植之文采折服，曹操自豪万分，心情澎湃，心中有了立曹植的念头。念头虽起，毕竟关系重大，还需要对这二人多加考验。

撇开曹操的继承人问题，我们再回到铜雀台上来，铜雀台的出名更源于它建成以后，成为建安文学的一个基地。邺城文学集团的代表人物曹操、曹丕、曹植、王粲、刘桢、陈琳、徐干等等常常汇聚于此，在此用笔抒发雄心壮志，歌词诗赋多有流传，因为此时正在汉献帝建安年间，所以被后世称之为"建安文学"。

著名才女蔡文姬被匈奴掳去,曹操赏识其才学,以重金将其赎回。建安文学人物与蔡文姬相聚铜雀台,蔡文姬演唱了其名作《胡笳十八拍》,名动邺城。铜雀台之名气一时之间声名鹊起,成为众多文人艳羡的乐园。

建安文学流派与铜雀台结下了不解之缘,建安文学在此兴起,在此成长,随着曹操的离去又走向低谷,可谓是铜雀台为建安文学提供了舞台,建安文学又成就了铜雀台。

第四章

权力为王：一切尽在阿瞒的掌控中

被"小毛贼"算计了

潼关是陕西、河南、山西的屏障,其中只通一条狭窄的小道,被誉为"三秦锁钥",乃古来兵家必争之地。公元211年三月至九月,发生在潼关的一次战役,间接改变了刘备围攻成都不下的战局。猛将马超投向刘备,刘璋惶恐出城纳降,刘备兵不血刃取得川蜀险要之地,基本奠定此后蜀国的版图基础,天下三分的局面即将开始。

汉献帝建安十三年(公元208年)秋七月,曹操南征刘表,进军神速,势如破竹。八月刘表去世,其儿刘琮继位,并于九月曹操刚抵新野,即望风而降。原依附于刘表的刘备和孙权结盟,两家合拒曹操。接下来发生的故事是大家都熟悉的,上文已提到的"赤壁之战"。

按曹操征讨刘表的进军态势,曹操拥数十万大军,若能一举攻克孙刘联军，则南方广阔疆土可并，天下基本已定，历时已久的战火也会稍为弥息。然而历史并不会沿着后人的想象发展，赤壁一战，曹操战斗失利，军队溃散，天公亦不作美，时发大疫，官吏和士兵病死者盈野，曹操被迫率军回撤。也幸好，历史没有沿着我们的想象发展，这才有了战况虽无"赤壁之战"激烈，但于历史意义方面不曾逊色半分的"潼关之战"。

曹操自南征失利后，决定向西拓展。汉献帝建安十六年（公元 211 年）三月，作为丞相的曹操派遣司隶校尉钟繇，进攻盘踞在汉中的张鲁，同时，曹操又派出大将夏侯渊等人率军取道河东郡与钟繇会合。曹操想取汉中的如意算盘打得很好，但是他忽略了一点，在战乱纷纭，群雄逐鹿的时代，弱肉强食，各地割据诸侯时刻盯着其他诸侯的举动，生怕自身被吞并。曹操如此大规模的军队调动，自然难逃关中诸将的眼睛。关中诸将都怀疑钟繇要害自己。"是时关中诸将疑繇欲自袭，马超遂与韩遂、杨秋、李堪、成宜等叛。"（《三国志·魏书·武帝纪》）

所谓先下手为强，后下手遭殃，马超、韩遂、杨秋、李堪、成宜领兵反抗，集结了十万羌、胡、汉人混杂的军队，屯于潼关，准备进攻，弘农、冯翊多个县邑起兵响应，百姓都逃入汉中。对于马超等人的反叛动作，曹操的回应态度是派遣大将曹仁征讨。

在述说潼关之战的交战情形前，有必要交代下马超其人及其家庭关系，因为这实在本应该是场发生不起来的战争。

马超字孟起，扶风茂陵人（今山西兴平市）。他的父亲马腾，字寿成，是汉伏波将军马援的后代。灵帝末期，马腾与边章、韩遂等人一同在凉州起兵讨伐董卓，后因功受封镇西将军。因此，马超也算得上是名门之后。马腾父子在关西经营多年，甚得当地民心。建安十三年，钟繇为了避免关西军阀割据的混乱局面再次出现，将马腾召入京师，马腾受封卫尉，马超的亲弟弟马休和马铁分别被封为奉车都尉和骑都尉，随马腾及亲属留在邺城居住。而马超以偏将军之职独留关西统领马腾部众。"及腾之人，因诏拜为偏将军，使领腾营。又拜超弟休奉车都尉，休弟铁骑都尉，从其家属皆诣邺，惟超独留。"（《三国志·蜀书·马超传》）

马超起兵反叛的时候，不知是否想到过身在邺城的老父和两个亲弟弟以及在那的所有马氏家族成员的安危。马氏一门，留邺之人虽高官厚禄，但也有着人质的意味。马超留在邺城的亲属，生死夺全掌握在曹操之手，马超本应该老老实实地、服服帖帖地小心翼翼为曹操服务，为其"代表"的东汉政权服务。然而建安十六年（公元211年），马超竟然不顾及老父马腾及亲兄弟马休、马铁等众多亲属的安危，悍然起兵了。马超为了什么原因，不顾亲情人伦，敢于如此，我们现在已无从考究了，但是不管什么原因，一场本发生不起来的战争确确实实因为马超的反叛发生了。

再回到潼关之战上来，马超等关西将领屯驻潼关，联合起来抗御曹操。其麾下关西铁骑，善于用矛攻击，长于野战。兵法有云"知己知彼，方能百战百胜"，曹操早闻关西铁骑的厉害，因此告诫将领们说"关西兵精悍，坚壁勿与战"。在经过数日的对峙后，曹操坐不住了，亲自领兵西征，与马超等人隔着潼关驻扎。

在曹操军与关西联军对峙的日子里，有一个细节很值得注意，每当关西联军一部一部到来的时候，曹操总是表现得十分高兴，"始，贼每一部到，公辄有喜色"。照理说，关西联军每到一部增援，敌军则增一方实力，敌实力强，则于曹操军攻战不利。然而，曹操竟欣欣然，表现得十分高兴，这于兵家常理相悖，莫非曹操已经有了什么克敌制胜的绝招了？

经过数日的坚壁不战，终于，曹操有所行动了！曹操经过与谋士商定后，一边派主力猛烈攻打马超以牵制他，而暗地派徐晃、朱灵等趁黑夜从蒲阪津渡过黄河，占据河西扎下大营。曹操的最终目的是两面夹击，对马超等关西部队形成合围之势。曹操的动作深刻地印证了一句话"兵者，诡道也"。

曹操的计谋很好，但是，马超也并不笨。马超看出了曹操举动的目的，跑去和韩遂商量。马超的意见很精辟，要是关西联军真的按照马超所说的去做了，只怕潼关之战失败的一方是曹操。然而，韩遂却否决了马超的意见，徐晃和朱灵等人得以率军顺利过河，占据河西扎下大营。

双方交战天平上的砝码开始向曹操一方倾斜了。闰八月，曹操率军从潼关背面西渡黄河，他令部队先行渡江，自己与勇士百余人留南岸断后，曹操若全军渡过黄河，则胜利指日可待了。可历史又跟曹操开了个小小的玩笑，虽然是小小的玩笑，也差点要了曹操的命。

就在曹操令大军渡江之时，马超率领步、骑兵万余人向曹操发起了进攻。马蹄扬尘，遮天蔽日，万箭齐发，势如暴雨。而曹操此时正坐在胡床上，安如泰山。我们试图揣测一下曹操当时的心理，当此生死存亡系于一线之机，也许早已心如沸汤，翻滚不已，但又不得不保持主帅临阵不乱的风范来稳住军心。曹操坐得很安稳，在一旁担当护卫之职的许褚却急了，"褚白太祖，贼来多，今兵渡已尽，宜去，乃扶太祖上船"。

敌军见到曹操，追杀更急，士兵争着上船，船超载都快沉没了。在这样危机的关头，"褚斩攀船者，左手举马鞍蔽太祖"，许褚右手挥刀砍杀攀附上船的士兵，左手举着马鞍挥舞遮蔽曹操挡住敌人射来的箭矢。一边要砍杀攀附上船的士兵，一边还要护住曹操不受流矢所伤，可以想到，许褚着精盔良甲，站在船头，力战不已的神勇形象。

敌军追来得越来越多，校尉丁斐想出一条计策，放出牛马来引诱敌人，敌人乱抢牛马，追杀之势大减。可是，敌军射来的箭矢还是太多，最后船工也被流矢射中，伤重而亡，许褚又用右手撑船，船才勉强得以渡河。曹操部下诸将见曹操平安渡过黄河，悲喜交集，曹操却大笑"今几为小贼所困乎"。曹操还笑得出来,还能发此豪言壮语,实在够洒脱!这一天,如果没有许褚神勇拒敌,没有校尉丁斐的妙计,曹操只怕难以存活,三国鼎立的局面也不会出现了。

潼关一战,曹操麾下军队与以马超、韩遂等人为代表的关西联军对峙数月后,终在渡过黄河的时候被马超奇袭了一把,曹军丢盔弃甲,曹操本人也狼狈不堪,险些葬命当场。光从战役的角度来看,潼关之战,曹操军失败了,但是从长远战略的角度的来看,曹操率军成功渡过了黄河天险,为今后的胜利奠定了坚实的基础。潼关战后,马超军正在宴饮高歌,欢庆胜利,曹操却在暗下功夫,整顿军备,另一场战争即将拉开帷幕。

打回西凉去

丢盔弃甲,狼狈而逃,潼关之战,曹操就这么败了吗?不,还没有,这还只是一个开始,好戏还没正式上演。汉献帝建安十六年(公元211年)闰八月的一个夜晚,月色深沉,曹操的卧室里却还亮着灯,他在思考着克敌的办法,怎样将马超的关西联军赶回西凉。

话说曹操渡过黄河与徐晃的军队会合后,沿着黄河边的夹道向南推进,关西联军退至渭口防守。曹操设置多队疑兵迷惑敌人,暗中却派出另一支部队乘船渡过渭河,在河上架起浮桥,于夜晚在渭河南岸扎营。曹操的疑兵计虽然暂时迷惑了敌人,使得部分部队顺利渡过渭河扎营,可最后,还是被关西联军的哨探发现了。"贼夜攻营",不管攻营的命令是关西联军中的哪位首领下达的,估计他下令的时候一定是心中窃喜的。

伟人和常人不同的地方是,常人只能想到短期的部署,而伟人却能比常人多想那么几步,虽然只有几步,却有着本质的差别。曹操作为东汉末期杰出的政治家、军事家、文学家,也当得起伟人的称号。因此,曹操就比常人多想了那么几步。事实上,曹操不仅想到了设疑兵以在南岸扎营,还事先预料到了敌人会趁夜偷袭,因此,渭河南岸扎营的曹军早已布下了口袋,就等着关西联军进套。《三国志》中关于关西联军偷袭的结果有这样一句描述"伏兵击破之",即埋伏的曹军打败了偷袭的关西联军。

关西联军夜袭曹军被打败后,又退回渭口。曹军防守愈发发严密,双方再次进入僵持状态。屯兵日久,粮草供应等日常开销巨大,且剑拔弩张的氛围令人十分压抑,交战双方终有一方会撑不住的。曹操在等着,马超等关西将领也在等着,他们都期望看到对方耐不住的一天。对峙到最后,实力相对雄厚的曹操笑了,因为,马超等人终于耐不住了!

"超等屯渭南,遣信求割河以西请和",马超等人驻扎在渭河南岸,派人送信请求割让黄河以西的地方与曹操和解。对此,曹操的反应又是如何呢?"公不许",曹操没有答应。伤敌一万,自损三千,曹操为何没有同意马超等人的请和要求呢?他的心理可以从这段话中一窥究竟:"关中长远,若贼各依险阻,征之,不一二年不可定也。今皆来集,其众虽多,莫相归服,军无适主，一举可灭，为功差易。"意思是，关中地域辽阔，如果敌人各自依仗险阻自守，没有一两年的时间不能把他们全部平定，如今他们全都汇集到一起，兵众虽多，但是互相不服从，军队缺乏统一的主帅，一战就可消灭他们，这样成功比较容易。对于意在一统天下的曹操来说，他是不会因为短期的兵员损伤而放弃这样一个扫平关西军的大好机会的。

建安十六年（公元211年）九月，曹操按着既定规划，开始将大本营向渭口推进，率大军渡过渭河。马超等人上次请和未得曹操同意，如今又见曹操大军渡过渭河，更是焦急。"超等数挑战"，马超等人想要速战速决，和曹操一战定输赢，因此屡次派人前来向曹操挑战。经过数月的对峙，曹操军中只怕也是人心浮躁。如今，马超等人主动挑战，若是应战，可解军士思战之心。曹操毕竟是曹操，没有必胜的把握他就是不出手。每天，马超等派出的挑战之人在阵前骂阵，指着曹操要他出战，想必激将的话中定然有"龟缩军营里，不敢一决生死，算不得大丈夫行径"之类，更毒的话只怕也有。不管如何，就是不战，不英雄又何妨？大丈夫不以一时之成败论英雄，坚壁不战！曹操当真是人杰，乱世之奸雄，所作所为深符主帅沉稳之法。

派出骂阵挑战的人骂战不成，那就亲自上。不应战，谈谈总可以吧，经过一番会谈前的准备工作，"其后太祖与遂、超等单马会语，左右皆不得从"，曹操和韩遂、马超等单独会谈，左右都未跟随，只带了许褚一个人。马超、韩遂等人是想谈谈的，但见到曹操只带了一个随从就来会谈，就又起了坏心思。马超估计心想着你就只带了一个随从，我把你活捉过来，主帅被擒，这仗还不是我们胜了吗，到时候拿你做人质还能要求不少好处，"超负其力，阴欲前突太祖"。

马超想活捉曹操，可见曹操随从之人有点像许褚，琢磨了一下决定慢点下手，于是问曹操："曹公手下有个称作虎侯的人在哪儿？"许褚力壮如虎，在曹操军中是出了名的，上次潼关之战全靠他救了曹操性命。照这样看来，许褚的勇名传到马超军中也是很正常的。马超畏惧许褚神勇，怕万一活擒不到曹操反而坏了事，故有此一问。曹操听马超一问，回头用手指指许褚，马超顺着曹操的指向一看，只见许褚圆睁双目，怒视着他，心里一惊，就把活捉曹操的想法给打消了，于是各自回营。

曹操不应战，马超等人即使在肚子里把曹操的亲属都问候一遍也是无济于事。上次求和不受允，转而求决战又不可得，马超等关西将领的耐性实在是被消磨殆尽了，他们不想再耗下去了，只得又乖乖地向曹操请和。马超一再请求割地，又请求送儿子充当人质。仗打到这个份上，马超也算够委屈的了，曹操的面子也有了。那么总该和了吧，俗话说的好，兔子急了还咬人呢，何况曹操面前的关西联军不是兔子，而是一群恶狼，马超更是恶狼中的狼王，两次求和不允，真惹得他们彻底翻脸，只怕损失颇大。于是，曹操接受求和了。真和了吗？不是，曹操是诈和。曹操要的不是面子，他要的是胜利，打败关西联军！

马超第二次请和，既愿割地，又求将儿子充当人质，求和的心情可谓迫切。也就在这时候，曹操的谋士贾诩向曹操献计，利用马超求和的契机，用反间计在关西联军内部制造矛盾。曹操采纳了贾诩的计策，在马超派遣的第二批使者请和之时，非常爽快地答应了。曹操既然同意请和，关西联军的重要头领总得出来一个表示下礼节吧，同时也商讨下和谈的具体细节，是否需要什么其他条件。要是与曹操正式和谈的人是曹操旧识那就更好了，双方方便联系感情，碍于人情，曹操的和谈条件也自然苛刻不起来。关西联军的首领们经过一番商讨，抬出了韩遂担当正式和谈代表。

韩遂何许人，他和曹操又有什么关系呢？韩遂是马超父亲马腾的好友，关西诸侯中资格非常老的人物，曹操与韩遂的父亲是同一年的孝廉。但是论起辈分来，曹操却与韩遂是同辈之人。关西联军推出韩遂作为和谈代表，满以为能够促成和谈的圆满结束，却想不到正好被曹操给利用了一把。

韩遂请求与曹操相见，于是，两人马靠着马交谈了很长时间，但是，曹操就是不和韩遂谈和谈的细节问题，他只和韩遂一起回忆京城中的老朋友，谈起以前的旧事，谈到兴头上更是拍着手大笑。关西联军其他首领们在阵前观望，只见韩遂与曹操相谈甚欢，只是听不见他们在说什么。韩遂回到关西联军营帐之中后，关西联军的其他首领们都围上来问韩遂，曹操和他说了些什么。韩遂回答说没什么重要事。韩遂的回答并未能令马超等人满意，他们只相信自己亲眼见到的，韩遂和曹操在阵前言谈甚欢，于是，马超等人对韩遂产生了怀疑。

反间是个逐步的过程，韩遂与曹操的阵前会谈过后几天，曹操估摸着时间差不多了，又给韩遂写信。信上，曹操又设置了一道"机关"，这道"机关"还是给除韩遂外的其他关西联军将领看的。曹操故意在信上涂涂改改，派出使者给韩遂送信的时候，又大张旗鼓地通报，唯恐马超等其他关西联军将领不知道。韩遂看曹操的信自然看不出什么玄机来，涂涂改改实在有碍观瞻。马超等人知道韩遂收到曹操的信，就向韩遂借阅。他们看到信上涂涂改改的痕迹很多，却不怀疑到曹操头上去，只以为韩遂涂抹了信中内容，与曹操密谋什么事情，不想让他们知道，对韩遂的怀疑之心也就更重了。

曹操的反间计用得十分成功，关西联军内部议论纷纷，军心不定。这么好的时机，曹操是不会放过的，他决定出手了。旌旗招展，士气昂扬，暗施反间计的日子里，曹操并没有闲着，他早已下达了养精蓄锐，准备决战的命令。如今，关西联军人心惶惶，而己军斗志激昂，正是一决生死的好时候。曹操派出了使者，与关西联军约定日子决战。原来不战，现在战，是谋略。

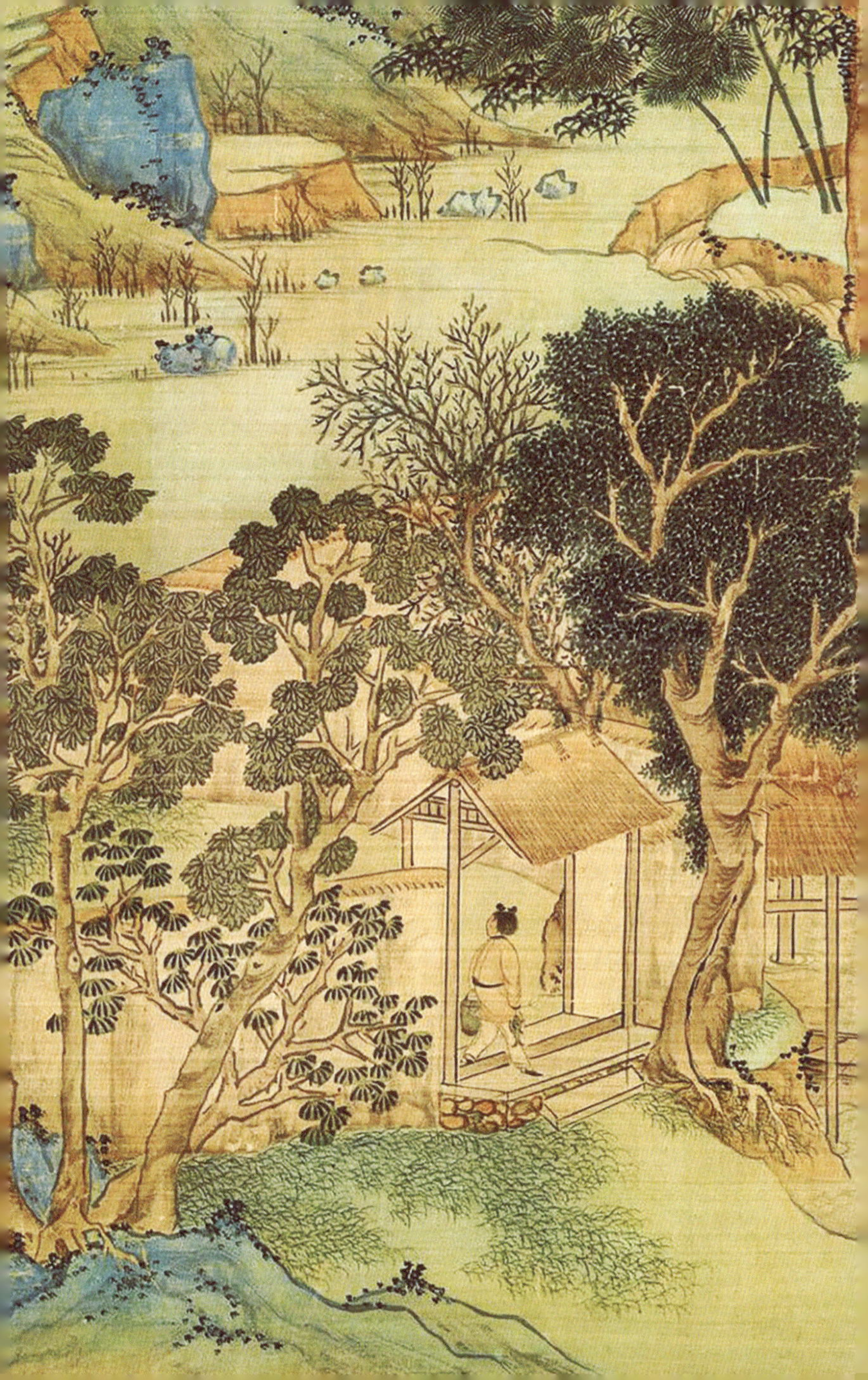

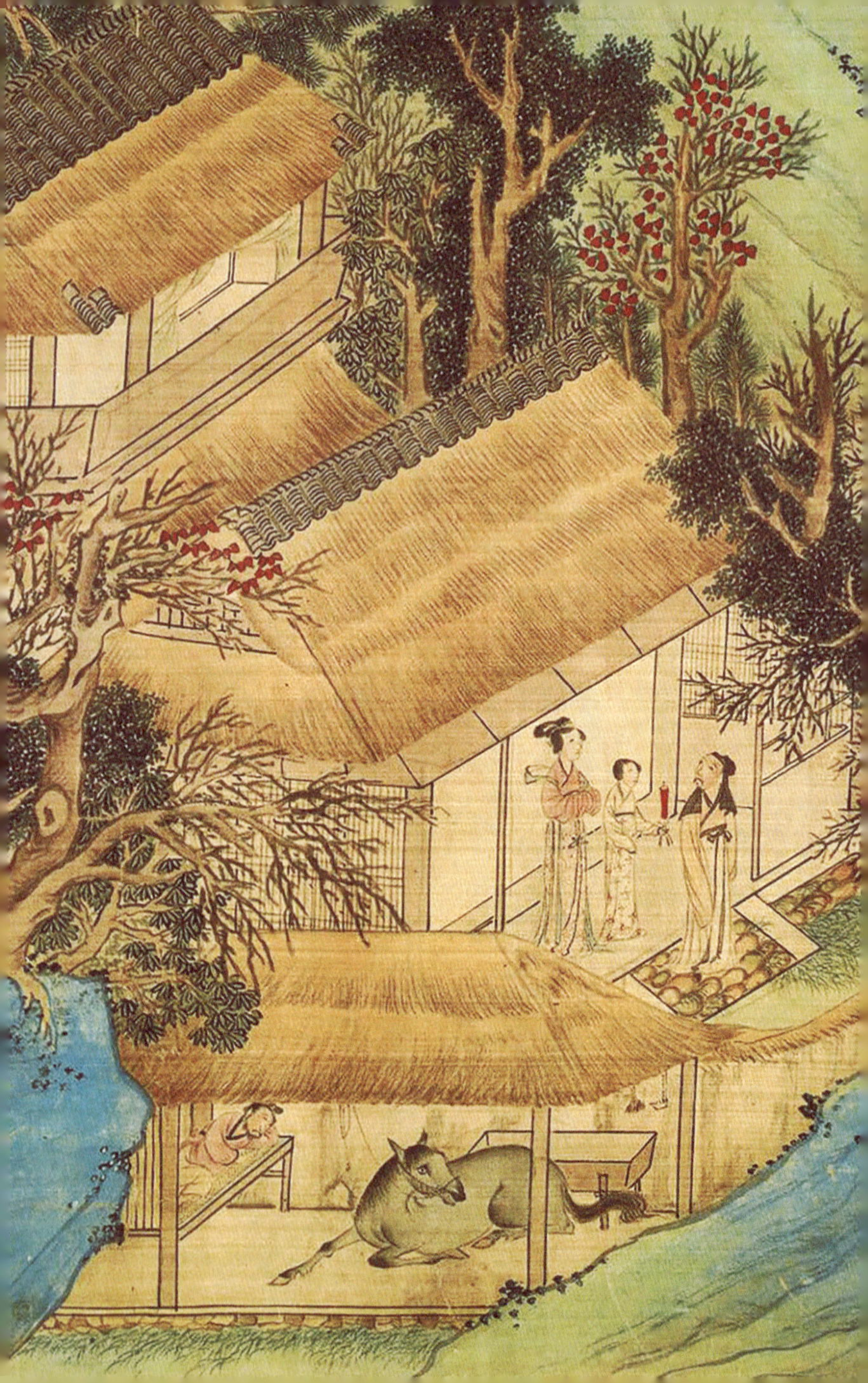

决战的日子到了,关西联军虽然军心不稳,可善于野战的特点还是不容忽视。曹操先用轻装部队向敌军挑战,双方杀得昏天黑地,流血漂橹之时,再派出精锐骑兵夹击,将关西联军打得大败。成宜、李堪等关西军将领被斩杀。韩遂、马超逃往凉州,杨秋逃奔安定后又投降,于是,关中被平定。

高位不是那么好拿的

曹操打着拥护汉室的旗号东征西讨,建立不朽之功业,曹操的地位逐渐巩固,而此时的他志得意满,渐有骄横之心。赶走董卓,击溃袁绍,打败刘表,放眼天下,可为对手者尚有几人?曹操功高盖主,权谋过人,属下人心服膺,但知有曹操,不知有献帝。

建安十七年(公元212年),曹操潼关之战,击败马超等关西联军,回到邺城,便被汉献帝敕封三项特权,"天子命公赞拜不名,入朝不趋,剑履上殿"。在朝拜时,赞礼官不称呼曹操的名字;进入朝廷时,曹操可以不用小步快走;上殿堂时,曹操可以佩剑穿鞋。曹操的这种待遇,昔年萧何曾经享受,董卓也享受过。

"赞拜不名,入朝不趋,剑履上殿",这虽然不是良田万顷、金银珠宝、高官厚爵的赏赐，却更显荣耀，它代表着一种身份与地位，曹操能得享如此尊荣，一方面由于他讨平关西叛军，确实劳苦功高；另一方面，曹操把持朝政，献帝只是傀儡，朝中大臣，一人提议，应者云集，献帝只有点头同意的份。

建安十七年（公元212年）五月，曹操诛杀马腾全家，灭其三族。该年七月，马超驻守蓝田的残部，也被夏侯渊讨平。至此，曹操基本消除关西叛军威胁中原的忧虑。经过短暂休整，其年十月，曹操又欲率军南征孙权。

曹操戎马征战，鞍马劳顿，的确凸显英雄风范，但曹操为的不是汉室，他为的是自己，一尽平生之志。曹操欲南征孙权之时，已是丞相职位，位极人臣，备极荣耀。因此，曹操功劳虽大，却无法再行在职位上晋升，但是在名位上，曹操却还有向上的空间，只是，曹操本人不好表示，而曹操的下属，已将此点想到了。

董昭，字公仁，济阴国定陶县（今山东定陶县西北）人。他曾在劝张杨、杨奉交好并举荐曹操的事情上立下汗马功劳，又曾在曹操攻打刘备、袁绍、袁尚时献良策，颇受曹操器重，为曹操屡次举荐担任朝中高官。董昭感激曹操恩德，因此建议曹操依照古法建立公、侯、伯、子、男五等封爵制度。曹操有疑虑，矜于名节，且事关个人，不好表态。

为了打消曹操的疑虑，董昭继续委婉地劝说："自古以来，人臣匡世，未有今日之功。有今日之功，未有久处人臣之势者也。今明公耻有惭德,乐保名节;然外大臣之势,使人以大事疑己,诚不可不重虑也。"

董昭先从旁人容易胡乱揣测的角度打消曹操对接受更高名位的抗拒之心,接着又从服务苍生的角度来劝告曹操做好接受更高名位的准备。"明公虽迈威德,明法术,而不定其基,为万世计,犹未至也。定基之本,在地与人,宜稍建立,以自蕃卫。"曹公您虽然具有威德,又懂得法制策略,却不奠定根基,为子孙万代考虑,这是没把事情做到底。奠定根基的根本,在于土地和人民,应该把这两方面逐渐建立起来,用以保护自己,您只有接受更高的名位,才能合理地为天下苍生服务。

董昭的这句话,是从理的角度来劝说曹操。最后,董昭再从情感的角度,消除曹操对他说出这番话的疑虑,曹公您的忠诚节操已经显露,面带天威,耿弇在光武帝床前所说的话,朱英劝春申君取代国君的建议,都比不上我今天所说的话。我董昭因为受了您的大恩,所以才不敢不说出心里话。

曹操听取了董昭的建议,董昭便在背后策划为曹操晋爵之事。董昭先于朝后联系一干拥护曹操的大臣,大家一起商议,都决定上表加封曹操为魏公。但是,曹操并非汉宗室成员,却循照古法,晋爵魏公,外界反响不知如何。董昭无法估计外界反应,又想把曹操晋爵魏公之事办得顺利妥当,他顿觉为难。董昭经过一番思索,决定找才智突出的谋略之士商量一番,而且这样的人得是曹操团队的,不会反对曹操晋爵魏公。于是,董昭想到了荀彧，他和一干大臣就此事秘密咨询荀彧，欲得到荀彧的建议。

荀彧一直是曹操的得力谋士，曹操能够称霸北方，他功不可没。荀彧在战术方面曾从容应对吕布、陈宫、张邈勾结叛乱，以少量兵力保全兖州三城；在曹操与袁绍作战时，判定曹操作战有四利，在官渡之战中挫败袁绍，并曾献计掩其不意奇袭荆州，建树颇多。在政治方面，钟繇、荀攸、陈群、杜袭、司马懿、郭嘉等人都是荀彧举荐的。曹操认为荀彧谋略突出，又善于知人，他推荐的人才全都很称职，因此，对荀彧十分重用。曹操甚至将女儿嫁给荀彧长子。荀彧官至汉侍中、尚书令，居中持重执掌中枢数十年。荀彧一门尽管地位尊贵重要，但他们全都谦虚节俭，所得到的俸禄、赏赐全都分给宗族好友，家里没有多余的财产。

荀彧受曹操信任，担任侍中、尚书令之职，承担重任，与曹操共同筹划军国大事。董昭大概以为，荀彧得曹公信任，身担要职，又是曹公首席谋士，一定能给出应对可能出现的反对曹公晋爵魏公现象的建议。但是，董昭失算了，他没想到，荀彧从骨子里是个坚定的拥护汉室、尊崇汉帝者。

他第一个跳出来反对曹操晋爵魏公，荀彧认为曹操兴起义兵的本意是为了匡扶朝廷、安定国家，怀着忠贞的诚心，保持谦让的品质；君子爱一个人表现在品德的培养上，所以不应该这样做。"曹公本兴义兵以匡朝宁国，秉忠贞之诚，守退让之实；君子爱人以德，不宜如此。"荀彧首先给曹操戴了一个高帽子，认为曹操是为拯救朝廷，安定天下而兴起义兵的，又对汉室怀有忠贞的诚心，肯定不会要求晋爵魏公的。曹操被荀彧冠以兴义兵匡朝宁国的君子头衔，自然不好表示反对，只是心里从此对荀彧埋下恨意。

等到曹操南征孙权之时，曹操上书朝廷请求献帝派荀彧到谯县来慰劳军队。荀彧到达后，曹操就借参谋军事的理由留下荀彧，让他以侍中、光禄大夫的身份，持符节，参预丞相府的军事。后来，曹操大军开赴濡须口，荀彧因病留在寿春，《资治通鉴》中记述荀彧在寿春期间"饮药而卒"，即服下毒药身亡。荀彧品德高尚，行为端正，而且有智谋，喜欢推荐贤能的士人，因此，时人对他的去世感到很惋惜。

对于荀彧拥护汉室、尊崇汉帝，而又曾把曹操比作高祖刘邦与光武帝刘秀，把官渡之战比作楚汉相争的行为，杜牧觉得荀彧有点做作。但是，在东汉末年，天下大乱，百姓灾难深重，假如没有绝对的才能，便不能拯救百姓，在这样的情况下，荀彧不去辅助曹操，又去辅佐谁呢？况且，荀彧是曹操平定北方的首席功臣，如果曹操称帝，荀彧获利最大，将会得到与萧何一样的赏赐。荀彧没有贪图这样的富贵，却牺牲生命换取名声，这不是人之常情，因此，拥护汉室、尊崇汉帝的理念一定是来自荀彧的内心。

荀彧死后，曹操在进军濡须口的过程中，历时良久却没有取得突破性的进展，于建安十八年（公元213年）夏四月回到邺城。其后，朝中群臣上书献帝要求曹操晋爵魏公的奏章如雪花般飞来，迫于压力，五月初十日，汉献帝宣布封曹操为魏公。

曹操得封魏公，可以在自己的属国设置百官，其狼子野心，昭然若揭。此后，曹操可以名正言顺地任命贤能担当属国之职，拥有归属于自己的忠诚党翼。可惜荀彧当年建议曹操奉迎献帝定都许昌，本是秉着拥戴主上以顺从民众，扶持大义来招收天下英才俊才的心思，意图扶持汉室，振兴朝纲，却被曹操打着"奉天子以令不臣"的旗号行"挟天子以令诸侯"之实。想必荀彧死后，也会感慨识人不明吧。

偷个国家玩玩

曹操受封魏公后,得以称孤道寡,权势更甚。他在魏国建立土神、谷神祭坛和宗庙,祖先亦得以荣耀。朝野之上,基本尽是曹操故旧或曹操提拔之人,汉献帝在曹操手中仅仅是一枚可供摆布的棋子,毫无权力可言。以人臣的身份,普天之下,再没有权力威势比曹操更大的了。然而,曹操并不满足于此,曹操的眼中还盯着一个位置,皇后的宝座。

他有三个女儿,父亲位极人臣,女儿也随着父亲身份显贵。曹操想着,为自己的女儿选个好夫婿,解决女儿的终身大事。如今的曹操,天子众臣都被玩弄于股掌之间,他的地位安如磐石。因此,曹操女儿要嫁的对象,只能地位比曹操更高。曹操权势日甚,却缺少皇亲国戚的身份,在处理一干事情上难以出面。刘备就是打着汉宗室之后的幌子,被人尊称为刘皇叔,备受信赖。曹操也想取得这样的身份，从而为自己谋取更大的利益。但是，要想成为皇亲国戚，从出身而言已无可能，只好考虑将女儿嫁与皇室人员。而汉献帝无疑是皇室中地位最为尊崇的，尽管他此刻只是曹操手中的傀儡，但毕竟代表着正统皇权，是天下之主。

曹操看中汉献帝作为女婿，有两层原因。一方面是他想取得皇帝岳父的身份从而更为方便地打着汉献帝旗号号令天下，封住外界谤议之口；另一方面是曹操并不放心汉献帝，此前的衣带诏事件，可以看出，汉献帝对曹操心怀不满，曹操尚记忆犹新，他想更为清楚地掌握这个傀儡的一举一动。

建安十八年（公元213年）九月，"天子聘公三女为贵人，少者待年于国"。汉献帝娶魏公曹操的三个女儿为贵人，小女儿留在魏国等待成年再完婚。曹操的三个女儿都同时嫁给天子为妻，甚至其中还有一个女儿未成年，这在汉朝之前可以说是绝无仅有，此后只怕也难以得见。

曹操的三个女儿难道有绝世之容仪，惊世之才华，贤良淑德天下闻名，因此汉献帝慕名而来，将她们全纳入后宫？即使曹操两个成年的女儿有如此出众，但他那未成年的女儿限于年龄，自然难以表现出来。更何况，汉献帝痛恨曹操专权，自觉有皇帝之名，无皇帝之实，沦为傀儡，此前就传衣带诏，意欲诛杀曹操，只是事泄失败，反而被监控得更为严密，迫于曹操权势，不得不默默忍受，他又怎会主动要求同时娶下仇人的三个女儿呢!

事实上,曹操将三个女儿同时嫁给汉献帝,只是曹操的单方面意愿,至于汉献帝是否同意,女儿婚后是否幸福,曹操都未考虑或者选择忽视。曹操只清楚一件事,这是自己要做的。曹操的三个女儿曹宪、曹节、曹华同时被封为贵人,可曹操仍未满足,他还想让女儿的地位更升一层,曹操眼中,皇后的宝座是属于他的女儿的。只是,皇后的座位只有一个,而且已经有人坐了,那个人就是伏皇后。曹操要想女儿成为皇后,只有先将伏皇后赶下台。然而,皇后地位无比荣耀,不能轻言废弃,伏皇后并未犯下过错,曹操找不到理由让汉献帝废伏皇后另立新后。曹操并不想单纯用武力胁迫汉献帝废后,他担心天下舆论,悠悠众口。曹操等着一个借口,一个错误,只要被他找到,伏皇后就将永远倒下。

伏皇后,讳寿,豫州琅琊郡东武县(今山东诸城市)人氏。父亲伏完,母为汉桓帝的女儿阳安长公主刘华。中国历史上的数百皇后,中间既有聪慧睿智者,也有佐夫开创帝业者,有辅助皇帝治国安邦、青史留名者,亦有阴险狡诈、惑主乱政、祸国殃民者。但是,生逢乱世,命途多舛,名有皇后之尊,实如田妇之贱,朝不保夕,奔波流离,迫于时政不得善终,乃至宗族被灭者却极少,然而,汉献帝的结发妻子伏皇后却恰恰承担了这样悲惨的遭遇。

东汉伏氏乃汉代经学世家,是名门望族,历代多有显官达宦。伏寿的父亲伏完，便娶了汉桓帝的女儿阳安公主。初平元年（公元190年），董卓专权，各州郡起兵讨伐，董卓挟持汉献帝西迁长安，伏寿的父亲伏完以侍中的身份随驾。不久，伏寿被选入宫中，成为贵人，照顾汉献帝。兴平二年（公元195年），伏寿晋封为皇后。据史学家考证，伏皇后比汉献帝大约大四岁，伏寿当时被选为贵人入宫侍奉汉献帝也是因为她比汉献帝大，方便照顾。伏皇后出生于经学世家，从小接受正统教育，仁义忠孝思想早已深深刻入脑中，因此，对汉献帝十分忠诚，照顾汉献帝相当得力。

晋人王嘉在《拾遗记》中有一段对伏皇后的记载，把伏皇后忠心耿耿、忠贞不渝的形象展现得淋漓尽致：建安元年（公元196年），长安城因为董卓部将李傕、郭汜争夺权力而大乱，汉献帝与伏皇后向东逃窜，过河，又以身护驾；献帝脚趾受伤，伏皇后还撕烂自己的衣服为献帝包扎，用自己的玉钗为他治疗伤口。其时，伏皇后大致16岁，汉献帝约12岁。

伏皇后对于汉献帝和汉室的忠贞，还体现在她决绝果断意欲驱逐曹操方面。伏皇后虽是巾帼却施须眉之行，义勇坚韧可见一斑。据《匈奴汉国书》记载："董承女为贵人，操诛承而求贵人杀之。帝以贵人有妊，累为请，不能得。后自是怀惧，乃与父完书，言曹操残逼之状，令密图之。"《匈奴汉国书》中的这段记载牵扯到衣带诏事件。汉献帝与伏皇后于建安元年（公元196年）七月东归洛阳，九月，被雄踞兖州的曹操迎奉至许昌,从此,曹操独揽大权。

汉献帝既长,厌曹操专横,欲自掌朝政,请董贵人的父亲车骑将军董承谋杀曹操。结果事情泄露,董承全家被诛杀,并牵连到董贵人身上。其时,董贵人有孕,汉献帝以董贵人有孕为由向曹操乞求饶过董贵人,然而董贵人终究被曹操诛杀。伏皇后亲眼目睹曹操专横残暴,汉献帝委曲求全,深感恐惧,害怕有一天也会被杀,因此写信向父亲求援,描述曹操的残暴,请父亲暗中图谋消灭曹操。

伏皇后做出如此举动,需要冒着何其巨大的风险。其时,曹操诛杀董贵人正是为了杀鸡儆猴,使得汉献帝及后宫慑服。而伏皇后却在曹操加强监控之时,寄书父亲,谋划铲除曹操。既可以自保,事实上也是在保卫汉室。如果伏皇后仅是为了自保,她大可以和皇帝一样当傀儡,只要不做出危及曹操的举动,曹操也不会有所动作。而伏皇后自然可以安心地当她的皇后,最后可得善终。可是,伏皇后没有选择苟延残喘,苟活于世,她选择冒险一搏。她的刚烈,从这件事中完全体现。因此,梁人萧绮赞扬说:"伏皇后履纯明之姿,怀忠亮之质,临危授命,壮夫未能加焉。"

伏皇后请求父亲伏完起兵铲除曹操,伏完却不敢这么做。伏完畏惧曹操,早在建安元年(公元196年)时,伏完拜辅国将军。汉献帝迁都后,曹操封自己为司空,大权独揽,伏完不敢与曹操享受同等待遇,于是奉上印绶,改拜中散大夫,迁屯骑校尉。建安元年（公元196年），曹操势力尚未完全坐大，伏完尚不敢与曹操对抗。而到建安五年（公元200年）时，曹操诛杀董承后，实力愈强，威势所及，朝野内外震服，伏完更加不敢冒身死族灭的危险来反抗曹操。因此，伏完收到女儿的信，不敢有所举动。建安十四年（公元209年），伏完因病逝世，其子伏典继承他的爵位。

伏完为了家族的安危，没有按照女儿伏皇后信中所写行事，反抗曹操。可是他却没有想到，在他死后，这件事情却泄露了，整个家族最终不免沦亡的命运。《资治通鉴》记载"十一月，汉皇后伏氏坐昔与父故屯骑校尉完书，云帝以董承被诛怨恨公，辞甚丑恶，发闻，后废黜死，兄弟皆伏法"。《匈奴汉国书》记载"遂将后下暴室，以幽崩。所生二皇子，皆鸩杀之。后在位二十年，兄弟及宗族死者百余人，母盈等十九人徙涿郡"。建安十九年（公元214年），伏皇后写信给父亲伏完要求铲除曹操的事情泄露，曹操大怒，逼迫汉献帝废弃伏皇后，将伏皇后幽闭于暗室，伏皇后被幽闭而死，她所生的两个皇子都被毒死，伏皇后的兄弟宗族因此事被杀的有百余人。

《匈奴汉国书》中记载，曹操在逼迫汉献帝废后时，派遣御史大夫郗虑持节策诏"皇后寿，得由卑贱，登显尊极，自处椒房，二纪于兹。既无任、姒徽音之美，又乏谨身养已之福，而阴怀妒害，苞藏祸心，弗可以承天命，奉祖宗"。以此事为由废后，又派华歆为郗虑副手，带兵入宫搜索伏皇后。伏皇后当时躲在墙的隔层里,华歆将她牵出。汉献帝坐在外殿,伏皇后披散着头发经过时哭泣道:"不能复相活邪?"汉献帝回答说:"我亦不知命在何时!"

伏皇后对自己服侍了二十多年的汉献帝请求帮助,哭泣着说:"我们再也不能活着相见了吗?"而汉献帝却只能看着心爱的妻子被带走而无能为力,"我也不知道自己的命还能保多久啊",一问一答,无奈之极,悲哀无限。伏皇后被废,建安二十年(公元215年),曹操将第二个女儿曹节扶持上皇后宝座。曹操轻易废立皇后,操控皇帝于股掌之间,实可谓汉室国贼。

东汉献帝年间,农民不满统治,频频起义。豪强势力乘机扩张,最终导致天下割据,诸侯混战。而汉献帝身为皇帝之尊,却无法保全自己,只能成为诸侯挟持以号令天下的对象。伏皇后在位二十余年,追随汉献帝被权臣、悍将挟持,忽而都长安,忽而都洛阳,忽而都许昌,过着朝不保夕的傀儡生活。然而,伏皇后却始终尽心尽力服侍汉献帝,又以一介柔弱女子身份,敢于冒着身死族灭的危险,试图对抗独揽朝政的曹操,也算得上是一代烈女。

就是要你死

曹操受封魏公后,自觉益趋衰老,更生起迅速讨平割据诸侯的心思,曹操急着统一天下,为子孙奠定太平后世,以遂平生之愿。汉献帝建安二十一年(公元216年)春二月,曹操击汉中张鲁后回到邺城。此时的曹操,考虑孙权、刘备坐大,久征不灭,心中焦躁,对权力的把握愈发敏感,他不允许任何人损伤他久久建立的权威。

曹操带着讨平汉中的战绩返回邺城后,一时之间,赞扬魏公功绩的言论再次充斥朝野。该年五月,汉献帝在内外压力之下,再次进封曹操为魏王。而曹操的儿女们也随着曹操爵位的晋升享有更多特权。汉献帝准许魏王的女儿称公主,享有汤沐邑。

曹操晋爵魏王,本是件喜庆之事,然而,曹操却处死了一位才智出众的名士，他就是崔琰。

崔琰其人，《三国志》记载"琰声姿高畅，眉目疏朗，须长四尺，甚有威重，朝士瞻望，而太祖亦敬惮焉"。也就是说崔琰身材高大，声音洪亮，眉清目秀，胡须长四尺，长得特别有威严，按今天的说法，崔琰应当是标准的有阳刚之气的美男子。崔琰长得特别有威严，因此朝廷官员都敬仰他，曹操也对他有些畏惧。

崔琰长相威严，这一点，曹操是心知肚明的。崔琰若只是长相不凡，那也不值得过分夸耀，更不至于声名显著。问题的关键在于，崔琰不仅外表突出，而且才智卓越，足以担当大任。崔琰早年投奔曹操之时，曹操征讨并州，把他留在邺城辅助曹丕。曹丕当时穿上猎装，骑着快马，整天不务正业频繁出去打猎。为此崔琰果敢地上书直言劝谏，他指出曹丕降低身份，穿着卑贱的管理山林的人的服装，不顾飞奔驰射的危险，追求获取山禽野兽的娱乐，却忘记了国家社稷的重要。而曹丕最后也接受崔琰了的劝谏。

崔琰不仅勇于直谏，还有识人之能，当时崔琰的堂弟崔林年少无名望，众多亲戚轻视于他，而崔琰却说，这是人们说的大器晚成，最终将有大作为。而孙礼和卢毓刚进入曹操军府的时候，崔琰评价道，这两人都有着杰出的才能，是胜任三公的人才。后来，崔林、孙礼、卢毓都位至三公。崔琰识人之能，可见一斑。

由于崔琰有盛名，同时才干出众。因此，曹操在出任宰相时，先后任命崔琰为东西曹掾属征事，东、西曹掾属征事都是选拔任命官吏的重要职位，就如同如今的组织部部长。而曹操被任命为魏公，拥有自己的属国时，又任命崔琰为尚书。曹操连续任命崔琰担当管理组织人事的重职，为何又在晋爵魏王时，杀害崔琰呢？这牵涉到一个人，一封信。

崔琰是管理组织人事的官吏，免不了推荐、提拔人才。而钜鹿人杨训，也是崔琰曾经举荐的对象。杨训虽然才能不足，但清廉耿直坚守正道，因此，曹操立即任用了他。崔琰在举荐杨训时，显然未曾想到他竟会因为杨训间接地送掉性命。

曹操因功受封魏王，手底下的谋士、属下自然要上表称颂。而杨训也迎合潮流，上表大为称赞曹操的功绩，夸耀曹操的美好品德。汉室天下因曹操一力扶持而稳，曹操得封魏王凭借的是战功，并不完全是不正当手段。但是，汉献帝的权力完全被曹操架空，曹操背着恶名，朝野之上，一干忠于汉室的坚贞之士自始至终看不过去，常有人不畏死地跳出来指责曹操。此次，曹操进封魏王，那些忠于汉室的成员觉得曹操这是试图谋朝篡位的又一大动作，因此心里十分不满意。但这些人不敢直接攻击曹操，就转了个弯骂杨训。

"时人或笑训希世浮伪"，当时，有人讥笑杨训浮华虚伪迎合权势，并将责任追究到崔琰身上，因为是崔琰举荐的杨训。崔琰一向注重自己的名声，受到别人举荐人才不当的指责后，相当不舒服，觉得非有所表示不可。崔琰决定看看杨训写的上表，看看杨训是否写的脱离实际，过于夸大，才会受到人们的谩骂。崔琰的意思是，假如我看到上表无失实的地方，那你们的指责就是不妥当的。

崔琰从杨训那里取来表文，仔细看过后，给杨训写信，信中有这样一句"省表，事佳耳！时乎时乎，会当有变时"。这句话的意思是看了您的表文，觉得事情挺好啊！时势啊，时势，该当有变化的时候。对于这句话，可以有很多种不同的理解，按照《三国志》和《资治通鉴》上的说法，崔琰说这句话的意思是讽刺那些批评者喜欢指责，过于苛求，不合情理。

他的本意是拥护曹操，觉得杨训上表没有做错，表中的事迹也很真实。但却有和崔琰敌对的小人将崔琰回信的事报告了曹操，并诽谤崔琰的信有对曹操不敬的意思。曹操听了很是气愤，仔细地研究了崔琰的回信，太祖怒曰："谚耳'生女耳'，'耳'非佳语。'会当有变时'，意指不逊。"曹操认为，崔琰的信中，那个"耳"字不是好话，"会当有变时"，该当有变化的时候，也有不恭敬的含义。

于是，曹操罚崔琰为做苦工的刑徒，并且派人监视他，而崔琰在刑罚时并未表现出屈服的言谈表情。而原先诬陷崔琰的小人，这时又向曹操进谗言，说崔琰当了刑徒，在接待宾客时仍然手卷胡须双目直视，好像心中愤恨。曹操再次听信谗言,又想到崔琰没有表示出悔意,向他上书告饶,就命令崔琰自杀。

曹操性情忌刻,这种特点到了晚年表现尤甚。他有一些不能容忍的人,如鲁国的孔融、南阳的许攸、娄圭全都因为仗着自己是曹操故旧而表现得言语不敬,最后被曹操所杀。但是崔琰的死却是件冤案,当时就被世人痛惜,乃至晋朝时,时人仍为他感到冤屈。曹操杀害崔琰,有人说是因为曹操受封魏王后权势日大,野心膨胀的缘故,但曹操乃一代雄才,虽至晚年,也不至于无故杀人,尤其是杀害被他重用的崔琰,因此,据史家分析,曹操杀崔琰有可能有三个原因。

第一个原因是,曹操对政治动向的过度敏感。曹操"挟天子以令不臣",汉献帝的权力被完全架空,而曹操总揽朝政,更加封魏公,晋爵魏王,持九锡,不管曹操本人的主观愿望如何,即使他不愿也不会去称帝,但在秉持汉室正统的人眼中,曹操是要篡汉的奸臣,时人对曹操的非议很多,而越是学问高、名声好的阶层中,对曹操秉着不满态度的人越多。曹操看到崔琰的信,误以为崔琰也是讽刺他,认为曹操以后是要倒霉的。而崔琰既然不上书为自己辩护,就更证明崔琰有讽刺的意思。因此,曹操敏感的自尊心受到损伤,他要清除在政治上和他存在歧义的崔琰。

第二个原因是,曹操要报复崔琰。汉献帝建安九年(公元204年),曹操击败袁绍,兼任冀州牧,任命崔琰为州别驾从事史。曹操得到冀州，心中很是高兴，在设宴欢饮时，得意地说冀州还有三十多万人，依然称为大州，这些人口都是后备兵力，还可以提供充足的赋税。崔琰听了曹操的话，却生不满，他指责曹操。崔琰的话刚出口，满座宾客吓得面容变色，曹操也立时换了神色，严肃地向崔琰表示歉意。曹操为了取得天下，不得不容忍崔琰的指责，暂时借助他的才干，但十二年后，崔琰因回信文字惹祸，曹操可能想起崔琰当年的责难，新仇旧恨同时涌上心头，因而将崔琰处死。

第三个原因是，崔琰置身于曹丕、曹植储位争端中，犯了曹操的禁忌。曹操进封魏公后已是晚年，儿子们为了争夺储位明争暗斗。当时，曹操心爱小儿子曹植，故而迟迟不立储，但曹操又怕不立长子会引起议论，因此特意用密封的信函形式暗中征求百官的意见。其他官员都秘密地回复了曹操，只有崔琰用不封口的文书公开答复。

曹植娶了崔琰哥哥的女儿，崔琰不偏袒自己的侄女婿，却公开表示支持曹丕。曹操基于道德原因，不得不对崔琰表示敬重。但在曹操心头可能怀着怨愤。曹操用密封的信函征求意见，就是为了不为人知，崔琰却装得光明正大，公开发文书表示支持曹丕，崔琰表现得心怀坦荡，不就显示曹操鬼鬼祟祟，况且崔琰坏了曹操的规矩，发表公开文书，不就将曹操儿子们争夺储位的矛盾摆在明面，这是曹操不能容忍的。于是，曹操就趁崔琰被人告发文字诽谤的机会，将他杀了。

历史学家推测曹操杀害崔琰的原因各有依据,但昔人已逝,真实原因已无从探讨。而曹操猜忌狐疑在晚年表现尤甚的特点却鲜明地表现出来,晚年的曹操,容忍不了不同的政见,也不允许任何人对他的权威表示怀疑。曹操的地位,稳如磐石!

曹丕出头了

煮豆持作羹，漉菽以为汁。
萁在釜下燃，豆在釜中泣。
本自同根生，相煎何太急？
——曹植《七步诗》

这首诗传说是曹植所吟，曹丕在成为魏王后，仍然担心曹植威胁其地位，因此，命令曹植成诗，否则处死，而曹植在规定时间内完成此篇名作。《七步诗》为曹植博取了无限同情，却也反映了曹丕和曹植争夺储位的激烈。为了继承曹操储位，曹丕、曹植兄弟阋于墙，而曹丕无疑是最后的胜利者。

曹操进封魏公后，继承人问题就初见眉目，然而曹操迟迟不立储，到曹操授爵魏王之时，曹操益发老迈，储位问题逐渐成为头等问题。曹操寻找继承人，自然不会将辛辛苦苦打下的天下让与他人，理所应当会选择自己的儿子。

据史学家统计，曹操共有十五个妻妾，二十五个儿子。曹操早年娶得一妻两妾，其原配丁夫人无子，而妾刘氏生下长子曹昂，曹操亦对曹昂寄予厚望，然而曹昂在建安二年，征讨张绣的战斗中战死，因此无缘继承储位。除曹昂外，曹操还有一位特别喜爱的儿子，他就是妾环夫人所生的曹冲，曹冲从小聪明仁爱，曹操对他非常喜欢，常常在群臣面前提起曹冲，有让他继位的意思。但不幸的是，曹冲在建安十三年（公元208年）病逝。曹操为此哀叹良久，他当时说了一句话"此我之不幸，而汝曹之幸也"，意思是冲儿死了是我的不幸，却是你们（曹操其他儿子）这些人的幸运，因为你们有希望当太子了。

曹操的侍妾卞夫人也为曹操生下四个儿子，他们按长幼排序依次是曹丕、曹彰、曹植、曹熊。曹昂战死后，曹操将丁夫人逐出，改立卞夫人为正室。东汉末年，仍延续着古老的礼仪，立正室之子为储是一项规矩。曹操自然不便打破这个规矩，因此，他要选择继承储位的人只能在这四个儿子中选择。

卞夫人所生四子中，曹彰"好为将"，有志于驰骋疆场，带领大军建立功勋，无意于太子之位。而曹熊年幼，不加考虑。将这两人排除在外，有望继承曹操储位的便只有曹丕和曹植。按照立长为嗣的原则，曹操本应立曹丕为世子，然而，曹操内心中却偏爱三子曹植，有意将储位授予曹植，因此，迟迟不立世子。

众所周知,曹操不仅是军事家、政治家还是杰出的诗人和文学家,曹操爱贤喜才,而曹植恰恰是文章、诗、赋样样皆精。曹丕与曹植相比,曹丕没有曹植的文学才华和聪敏。此外,曹操为人"佻易无威重",具有部分诗人狂放不羁的气质,而曹植"性简易,不治威仪。舆马服饰,不尚华丽",在生活方面颇有其父之风。所以,曹操对曹植特别偏爱。

曹植十多岁时,就能诵读《诗经》《论语》及辞赋数十万字,并且擅长作文章。曹操曾经看到过曹植的文章,觉得太过优秀,不像是曹植这个年龄的人写的出来的,因此询问曹植是否是请人代作的。对此,曹植回答道:"言出为论,下笔成章,顾当面试,奈何倩人?""我出口就是议论,下笔就是文章,哪里还用得着请人代答,希望您当面考试",曹植的答复很有豪气,也正证明曹植肚中有才。当时邺城铜雀台新建成,曹操带着几个儿子登台,让他们各自作赋。曹植拿起笔,略为沉吟,便一挥而就。曹操一看,只觉文采斐然,辞藻华丽,因而十分惊异于曹植的才华。

曹操感叹儿子曹植的才华,经常在曹植进见他时,提出难题考验曹植。而曹植每次都应声而答。对于曹植的聪慧,曹操从父亲的角度来说,觉得十分满意,故而特别宠爱他。在建安十六年(公元211年),曹植就被封平原侯。曹操后来在征伐孙权时,让曹植留守邺城。

曹操偏爱曹植，曹丕虽然身为长子，却不得立。曹丕为巩固自己的地位，消除曹植的竞争威胁而与曹植暗中对抗。而曹植恃宠而骄，也积聚起一班人马，意图夺取储位。当时，曹植因文名集聚了一批文士，形成文人集团，其主要智囊有三人：丁仪、丁廙、杨修。丁仪加入曹植队伍，是因为和曹丕有私怨。曹操曾为感激丁仪父亲劝自己迎汉献帝入许都而想将女儿嫁给丁仪，但是，曹丕在中破坏，他劝说曹操，丁仪眼睛有疾，将魏公女儿嫁与这样一个人实在不般配，丁仪因而未能娶得魏公主。他从此对曹丕怀恨在心，领着弟弟丁廙投向曹植，一门心思与曹丕作对，一有机会就在曹操面前说曹植才干突出，可立为世子。至于杨修，担任曹操主簿之职，主管内外，是曹植和曹丕竞相结交的对象，而杨修与各位公子的关系都处的不错。杨修最后在曹植和曹丕的政治斗争中选择了曹植，他觉得曹植特受宠爱，又有文名，更具优势，同时更符自己胃口。

曹丕其人，虽没有弟弟曹植那样高的文学才华，但心机深沉，政治才华、谋略更胜一筹。在曹丕周围也集聚着一批谋士，这些人主张立长子为世子，其中的代表有吴质、陈群、司马懿、朱铄。据《晋书》记载，这四人在曹丕身边号称"四友"。

比较曹植与曹丕手下智囊，杨修等人带有典型的文人气质，舞文弄墨、口角之争擅长，但缺少谋略和城府。而曹丕手下的司马懿和陈群无论谋略还是政治才能都是魏国群臣中的佼佼者，吴质其人尤擅心机，而朱铄担任中领军一职，亦不是轻易相与的角色。文人和政治家玩手腕，是注定要失败的。

论谋略，曹植手中智囊不及曹丕门下四友，而曹植本人在这方面也不是曹丕对手。曹植不注重细节，"任性自行，不自雕饰"，且以才之傲，瞧不起曹操属下一干大臣，他所依仗的仅仅是"性机警，多艺能，才藻敏赡"暂时受曹操喜爱罢了。而曹丕为人深沉，颇有心机，善于使用手腕，掩饰自己本性。据记载，曹丕"御之有术，矫情自饰"，他很注意处理和曹操左右侍臣及宫人的关系。

曹植和曹丕的世子争夺战，自曹操进封魏公后，逐渐凸显，而在曹操授爵魏王后达到高潮，经过数次斗争，曹植败下阵来。

有一次，曹丕、曹植送曹操出征。曹植当场发挥他的文学才华，为父亲歌功颂德，出口成章，文辞华丽，在场所有人听了无不叹服，曹操也显得十分高兴。曹丕看到这样的场面，自觉在辞藻上不能与曹植相比，感到很是失落，不知道怎样表现才能压过曹植赢得父亲的欢心。这时吴质开始发挥他智囊的作用。吴质悄悄附在曹丕耳边说："王当行，流涕可以。"曹丕顿时醒悟，在曹操出发辞行之际。曹丕依依不舍，非常悲痛。在场所有人都为之动容。"操及左右咸欷歔"，因此，大家都觉得曹丕比辞藻华丽的曹植更真诚。

吴质不愧为心机深沉的高手，他深深地洞察了曹操的内心，曹操虽然喜欢华丽的辞藻，欣赏曹植的才华，但更加需要儿子的一片诚心。

曹丕在送行一事上，压过曹植。而曹植方面亦很快还以颜色。有一次，曹丕请吴质到家中商量对付曹植的策略。曹丕为了不引起曹操的注意，叫人把吴质偷偷摸摸地藏在车上的大簏里带回家中。然而，曹丕的行动虽然小心翼翼，还是被杨修看见了。杨修马上跑到曹操面前打曹丕的小报告，大意是曹丕居心不良。杨修以为这次可抓住曹丕的把柄了，却不料算错了一步，这次曹操可能工作繁忙或者不当回事没有派人去追查真假。

曹操虽然没派人追查，可曹丕结好曹操左右侍臣及宫女的良好效果却得以凸显，很快有人将杨修告密的事情告诉曹丕，曹丕对此感到心中忧虑，很是害怕。吴质又果断地站出来安慰曹丕。第二天，吴质让曹丕把大簏装满绢，再次拉进曹丕府中。杨修瞧见曹丕再一次行动，将告密进行到底，非要让曹丕原形毕露，便再次向曹操报告。曹操见杨修两次报告，不得不予以重视，马上派人搜查，结果发现车里只有绢没有人。于是，曹操怀疑杨修有意陷害曹丕，进而对曹植的信任度降低。

仅此两事，便可看出，吴质深深洞悉曹操心理，杨修等人在玩弄阴谋方面远远不是吴质的对手，更不用提曹丕手下的司马懿、陈群。

曹操对曹植信任度有所降低，而曹植却不自知，表现得纵性妄为，饮酒无节，更加减轻了曹操对曹植的喜爱度。曹植曾经有一次酒喝多了，乘车马在驰道上行驶，行至邺宫司马门，强令守门者开门而出。驰道是曹操作为魏王的专用车道，曹植此举有以魏王自居的架势，曹操为此大怒，处死主管宫门的公车令，并加重了限制诸侯的法令条文，对曹植的宠爱也日益减轻。另外，曹操提倡节俭，不准妇女穿绸衣，曹植的妻子曾经穿绸衣被曹操撞见，立即被赐死。曹操也责备曹植不够严格。

曹植表现得纵性妄为，而此时的曹丕却表现出一副温良、勤奋、忠孝的样子，颇得人心。曹操未立太子前，曹丕心中担忧，曾派人向贾诩问计。贾诩告诉曹丕："愿将军恢崇德度，躬素士之业，朝夕孜孜，不违子道。如此而已。"贾诩的话看似是空话、套话，其实细思却是争夺储位的最好办法，曹丕看懂了其中的意思，每天休养品德，勤奋学习，表现出做儿子的道义，他的这一行为得到了众人的交口赞誉。

曹操在对曹植特别宠爱时，曾秘密征求大臣的意见，想获得他们对立曹植为世子的支持。可是尚书崔琰公开表示，立长子是《春秋》中的大义，曹丕仁孝聪明，应该继承大统，我誓死维护我的话。尚书仆射毛玠认为："近者袁绍以嫡庶不分，覆宗灭国，废立大事，非所宜闻。"东曹掾邢颙也说："以庶代宗，先世之戒也，愿殿下深察之。"

后来，曹操招来重量级人物太中大夫贾诩，贾诩其人智谋独到，颇受曹操重视。曹操屏退左右，问贾诩应立谁为太子。贾诩明知曹操喜爱曹植，故意默默不语。曹操对于贾诩的行为感到很奇怪，就问道"与卿言，而不答，何也？"贾诩回答说，我刚才有所思，所以没有回答您的问题。曹操因而继续发问贾诩在想些什么，贾诩淡淡地说道："思袁本初、刘景升父子也。"袁本初和刘景升即是袁绍和刘表，袁绍和刘表没有及时立嗣，更没有立嫡长子，因而造成二人死后，儿子为争夺储位互相残杀。曹操是个聪明人，一听贾诩的话，便知道贾诩倾向于曹丕，哈哈大笑，不再发问。

群臣中大多数表示支持曹丕，而曹操在考验两个儿子的过程中，也逐渐觉得曹植轻浮，不稳重，虽有才华，但不具备为君的能力，而曹丕却稳重，又得群臣之心，具备作为君主的条件。于是，建安二十二年（公元217年），世子之争尘埃落定，曹丕战胜曹植被立为王世子。

曹操寻找继承人，先前属意曹植，故而迟迟不立世子。然而曹植虽然有文学家的惊人才干，却缺乏政治家的手段和谋略。曹植以才自傲，不知汇聚群臣之心，手中智囊尽是文人雅士，难以与曹丕抗衡。曹丕矫情自饰，赢得曹植，夺得储位。从政治的角度来说，曹丕比曹植更适宜担当重任，曹丕的深沉与谋略正是政治家所必需的。而曹植虽然在竞夺储位的过程中失败，却为后世留下众多千古名篇，换得后世的一片同情。

老曹,我们都反你

汉献帝建安二十年(公元215年)正月的某天深夜,一把熊熊的大火在许都燃起,丞相长史府外,一千余人手执弓箭、刀剑等各种武器,喊着"除掉曹贼,光复汉室"的口号,发起猛烈的进攻,厮杀的喧嚣打破了许都的岑寂。

曹操挟天子以令诸侯,忠于汉室的大臣对他一直抱持不满。曹操进封魏公,再封魏王后,部分大臣对曹操的怨恨加剧,这些人认为曹操是汉室国贼,曹操的下一步行动就是意图篡位。时值关羽驻扎荆州,威名远扬,建安二十年(公元218年),汉太医令吉本与少府耿纪等五人外联关羽,在许都发动叛乱,试图拯救倾颓的汉室。

曹操诛董承,杀董贵人,废伏皇后,挟持汉献帝,操控朝政,先封魏公,再进魏王,更加九锡,享受和天子同等待遇。曹操头上所缺的仅仅是一个皇帝的名号而已。在忠于汉室的大臣眼中，曹操的行为属于倒行逆施，只是曹操在许都时，党羽众多，监督严密，虽有反抗之心，却无反抗之胆。等到曹操进封魏王后，曹操有了自己的属国，更可以自己设置一干大臣，于是曹操将故旧好友、铁杆党羽及忠于自己和投奔自己的人都任命为魏国大臣。而曹操本人更是移到邺城办公。

拥有自己的属国后，曹操加封的大臣便有了双重身份，名义上是汉室大臣，实际上是魏国属臣，因此，这些人基本上都支持曹操。而曹操未加封的那些大臣，则完全属于汉室大臣的范畴。在汉室大臣的行列里，有不少是反对曹操，拥护汉室，支持汉献帝的。曹操离开许都后，这些人便在暗中联系。他们觉得曹操的权势越来越大，担心曹操的欲望逐渐难以满足，等到曹操废黜献帝那一天，可就迟了。在这些忠心于汉室的大臣眼中，曹操就是个乱臣贼子，迟早会取献帝而代之。

可是，大部分汉室大臣尽管对曹操心怀愤恨，但心存畏惧，始终不敢轻举妄动，只能像献帝一样忍气吞声，接受无奈的现实。然而，还有五个人却是坚定到骨子里的反曹派，他们决定趁着曹操不在许都的良好机会，外联关羽，发动叛乱，驱赶曹操留在许都的势力。这五个人就是金祎、耿纪、韦晃、吉本、吉邈。

曹操在转移到自己的属国办公时，并没有忘记对许都的监控。曹操本人虽然不在许都，但他安排了一个得力的眼线，丞相长史王必。王必早在曹操早年起兵时便跟随曹操，他是曹操的忠实心腹。曹操安排王必统御许都军事，负责内外事宜，同时监控献帝和众臣的动向。

耿纪等人经过反复协商，决定杀掉王必，联合关羽，带着汉献帝投向刘备。

这些人认为，刘备是汉中山靖王之后，乃当今天子叔叔辈的人物，投奔刘备比在曹操手下更有奔头。在这带头准备起事的几个人里面，史书中明确记载担任政府职位的有三个。其中耿纪的职位是少府，相当于宫廷供应部长；而韦晃的职位是司直，相当于首都的政务总管；吉本则是太医令，是宫廷御医管理官。仔细分析三个人的职位便会发现，这三人都与宫廷联系紧密，因此，见到汉献帝的机会也特别多，估计也是这个原因，使得三人成立了牢固的反曹小联盟。

五人为首的反曹联盟中，有个很有意思的现象，那就是，联盟中既有数代忠良之后，又有全家总动员反曹之人。如金祎，其祖是匈奴休屠王太子，后降为汉臣，被赐姓金氏，他的远祖金日䃅在汉武帝临终之时与霍光一起被托孤辅政，金日䃅之后七代都是朝廷的重要功臣，家族声名显赫。而吉本职位虽然不高，却带领着弟弟吉穆，儿子吉邈，不顾身死族灭的危险，共同反抗曹操。

汉献帝建安二十三年（公元218年）春正月，耿纪等人经过近一年的准备，开始实施袭击王必的行动。该月的一天深夜，耿纪等人兵分两路，开始了反叛行动。耿纪领着部分士兵攻击王必的军营，并放火焚烧，然而，却没有一举胜利，双方展开厮杀。而吉邈等人率领着家人及童仆等一干临时凑齐的部队来到王必的府第，放火焚烧王必的大门，试图攻杀王必，王必则领兵在府中坚拒敌人。

金祎是王必的好友，他暗中派遣内应在府第中用箭射杀王必，长箭射伤王必的肩膀，王必遭受突然袭击，眼看把守不住，却不知道攻击他的是谁，因为和金祎一向关系不错，就跑去金祎家投奔金祎。王必在金祎家外叩门，金祎的家人不知道是王必，以为是耿纪等人，就隔着门问王必已经死了吗？王必听见后，吓出一身冷汗，差点错投贼门，急忙转身逃向他处，准备组织军队平复叛乱。

耿纪等人突然起兵反叛，保密工作做得很好。因此，当夜大火蔓延之际，原本与魏王对立的势力，也不明就里，不知应当如何面对此事。他们怀疑有可能是曹操使诈，或是搞军事演习，因此不敢轻举妄动，闭门不出，持观望态度。然而，也有些人前去救火，在救火的人里面，有些是拥护曹操的，有些是趁乱乘机起事的。但是由于场面相当混乱，难以迅速分清是叛乱放火还是救火。

王必逃脱后，联合典农中郎将严匡很快集结了一批正规军讨伐叛军。经过一夜激战，次日天明之时，耿纪等人临时凑集的乌合之众看到王必还没有死，心灰意冷，作鸟兽散，而严匡等乘胜追击，将叛乱者全部斩首。

许都叛乱的消息传到曹操耳朵里，曹操表情十分严肃，他下令处死全部叛乱主谋，满门抄斩。耿纪等人被诛族后，曹操的怒火才稍有平歇。然而，几天后，王必由于伤情过重死去，这一事情使得曹操暂时压制的怒火再次暴涨。曹操认为，上次有董承密谋反叛，这次又是许都五臣集体反叛，得好好将这股反叛的歪风邪气打压下去，树立他的绝对权威。经过一番分析，曹操准备对许都人事进行大换血。

曹操派人传谕将许都的所有朝中大臣带到邺城。众大臣到齐后，曹操让他们站到练兵场上，而四周满满的站立着披盔戴甲的军队，气氛十分紧张。接着，曹操下达了一项很奇怪的命令，他让群臣按是否参与救火，排成两队，救火者站左边，不救火者站右边。群臣感受到异常的压力，在心中琢磨着曹操的意思。他们认为，参与救火的，就是帮着曹操平叛的，不仅不会受到曹操的处罚还有功劳，而不参与救火的，就是心存观望，居心不良，会受到曹操的责难，因此大家都纷纷选择站到左边。

在站到左边队列的群臣中，既有真正参与救火的，也有没参与救火的，甚至还有乘机作乱但未必发现的，除了真正参与救火的人外，剩下的人都耍小聪明，以为站到左边队列就会免于处罚。而站到右边队列的人只有少数,这些人都是确实没救火,又胆子很小的人,他们虽然也想站到左边队列中去,但又怕被曹操查出没有参与救火,从而遭受更为严厉的处罚,因而战战兢兢地站在右边,吓得面无人色。

随后曹操下令将队列左边的官员全部处死,这是一道令人意想不到的命令,无论站在队伍左列的官员还是站在队伍右列的官员都怀疑自己是否听错了。而等待着执行曹操命令的士兵也犹疑不决,怎么将参与救火的官员都处死呢?他们也怀疑是不是曹操弄错了。有负责执行的将官向曹操请示,而曹操再次重复了他的命令,除了表达的词汇不同,意思却是一样。

站在队伍左列的官员们顿时沸腾了,齐声喊叫着冤枉,对此,曹操的解释是"不救火者非助乱,救火乃实贼也"。关于曹操杀救火官员这件事,分析曹操的心理,可能有两层因素。第一层是,曹操觉得不救火的人,至少是持观望态度,没有参与事中,而救火的人,可能听到风声,或有些人掺和到叛乱中去,因为他们的出现,影响了王必对反叛者的判断,因而延误指挥。第二层是,曹操只是为了消除朝中大臣们以后可能发生的叛乱危险,意图乘机杀光百官,将朝中大臣都换为可信赖之人,他所谓的"不救火者非助乱,救火乃实贼也"仅仅是一个借口,谁叫左列的官员多呢。

耿纪等人反叛失败,遭到曹操的严厉镇压,曹操从此益发加强对许都的控制,派遣更多的兵力驻守许都。而许都众官经历过一次曹操拷问的生死威胁后,大都将心中对曹操的反抗之心完全压制,再也不敢有所举动。曹操用反叛者的血奠定了自己的权威,而汉献帝可能脱离曹操控制的机会就此丧失。

第五章

进军益州：在别人的土地上写自己的发家史

益州是块好地方

益州险塞,沃野千里,天府之土,高祖因之以成帝业。刘璋暗弱,张鲁在北,民殷国富而不知存恤,智能之士思得明君。

——诸葛亮《隆中对》

益州,是西汉时期开始设置的行政规划,其范围包括今天的四川盆地和汉中盆地一带。秦朝时,郡守李冰在此修建都江堰,所以益州属地又有天府之国之称。汉高祖刘邦据益州取得天下,三国时,诸葛亮作《隆中对》提及占益州而三分天下。刘备就在此建立蜀国,成就帝王之业。

元封五年(公元前106年),汉武帝在全国设十三刺史部,云南地区为益州部。东汉时,中央对全国的行政区划做了一点改动，把四川也纳入了益州的范围内。因此，在东汉后期，益州的管辖范围是非常大的，是当时天下十三州最大的三个州之一。

谈到益州，便不得不说起刘焉。刘焉字君郎，江夏郡竟陵县（今湖北天门市）人，是西汉鲁恭王刘余的后代。刘焉年轻时在州郡中做官，因为是皇亲，官拜中郎，后来因为老师祝公去世而辞官。他住在阳城山，钻研学术，教授学生，后被举为贤良方正，被司徒府征召，在灵帝时官至太常。刘焉目睹灵帝时政治衰败、王朝多变故的景象，上了一道很有名的奏折："刺史、太守，货赂为官，割削百姓，以致离判。可选清名重臣以为牧伯，镇安方夏。"意思是，刺史、太守当官收受贿赂，剥削百姓，致使他们背离叛乱，可以挑选有清名的重臣任州牧，镇守全国各地。刘焉上书后，暗地请求出任交阯刺史，想以此避开社会动乱。刘焉的建议还未实行的时候，侍中董扶私下里对刘焉说："京师将要大乱，益州的分野有天子气。"刘焉听了董扶的话，就想改到益州任职。

恰好，益州刺史郤俭在当地横征暴敛，百姓对其相当不满，创作了不少民谣来表达内心的怨愤。这些民谣甚至都传到京师来了。与此同时，并州人和凉州人把两州的刺史都给杀了。这些情况恰好验证了刘焉的说法，刺史与太守腐败，剥削百姓，激起民愤。于是，刘焉挑选重臣担任州牧镇守各地的主意得以实施。朝廷命刘焉出任建军使者，兼益州牧，封阳城侯，逮捕郤俭治罪。

刘焉的运气还真是够好，先是他的建议被采纳，得以出任益州牧，到益州后，都不用他逮捕郤俭，已经有人帮他解决了。当时益州的反叛势力马相、赵祗等人在绵竹县自称黄巾军，聚集疲于劳役的百姓起义，杀了绵竹县令李升，很快起义的官民达到一万多人。这一万多人攻破益州首府，还把郤俭杀了。起义军纵横三郡，马相自称天子。可仓促凑集的起义军到底是乌合之众，益州从事贾龙率领家兵数百人，又召集官吏百姓，一共才一千多人，只花了几天时间就把马相赶跑了。贾龙还是个很实在的人，他把马相赶跑后，并没有拥兵自立，而是选派手下迎接刘焉。刘焉没费什么劲便大摇大摆地进了益州上任。

刘焉上任后，把州府治所迁移到绵竹县，抚慰叛离民众，努力实行宽大优惠的政策，而其在暗中却打算割据称雄。

在东汉时代，中原和益州的连接通道只有两条，第一条是从汉中至剑阁的山路，第二条则是从荆州顺长江而上到江州（重庆）的水路。只要中央和益州还有消息上的往来，刘焉作为朝廷任命的益州牧，就不得不表示面子性的归属，可刘焉连这点面子都不想给朝廷，直接省了。

刘焉派传ского五斗米道的张鲁为督义司马，驻守汉中郡，截断秦岭山谷的通道和栈道，封锁了关中到蜀郡的必经之路。朝廷发现益州和长安的联系断了，就派出使者过来查询，刘焉一不做二不休，干脆又把朝廷派来的使者给杀了。随后，刘焉上书朝廷，书中写的冠冕堂皇，只说是米贼截断了通往关中的道路，以后甭想联络了。

朝廷与益州的联系道路被刘焉给封锁了，刘焉更无所畏惧了。他假借其他事情杀掉州中豪强十多人，以此树立自己的权威，犍为太守任岐以及贾龙因此反攻刘焉，都被刘焉击杀。得不到有效监督的刘焉，制造皇帝专用的礼仪车队一千多辆，称帝的欲望可见而知。刘焉胡作非为的事情不知道怎么被荆州牧刘表知道了，刘表上书朝廷揭露刘焉这老小子的狼子野心。当时，刘焉的四个儿子中，三个儿子刘范、刘诞、刘璋都在长安任职，只有三儿子刘瑁以别部司马的身份一直跟在他身边。汉献帝看了刘表的上书，顾及皇室情义，就派出刘璋回去劝告他的父亲，刘焉乘机把刘璋留在益州。

时值征西将军马腾造反，刘焉让在长安担任左中郎将的儿子刘范与马腾合谋，让马腾领兵袭击长安。结果事情败露了，刘焉的儿子刘范和刘诞都被杀了。屋漏偏遭连夜雨，刘焉的好运气到头了，就在刘焉的两个儿子被杀的同时，刘焉所在的绵竹城又发生了火灾，他制造的礼仪车具等物俱被烧尽，还殃及百姓家。绵竹大火后，刘焉把治所迁到成都，这时的刘焉既痛惜两个被杀的儿子，又受到火灾的打击，急火攻心，皇帝梦还没圆，便在兴平元年（公元194年），背生毒疮死去了。

刘焉死后，继承权便成了问题，这时的朝廷正被李傕和郭汜两个小人操控，益州的官僚们自然不会傻到要求中央另行任免益州牧。经过一番思索后，刘焉的儿子刘璋被推选出来继承刘焉的职位。史书上是这样记载的"州大史赵韪等贪璋温仁，共上璋为益州刺史"。朝廷呢，也就顺水推舟，同意了益州官僚们的请求。

刘璋就这样继承了父亲刘焉的职位，成为了第二代益州牧。刘焉在益州经营多年，为刘璋打下了深厚的基础，刘璋如果在太平之世继位，自然能安安稳稳地当他的益州牧。但是，东汉末年，各个地方诸侯都在为自己打算，谋划消灭他人，一统天下，刘璋要坐稳益州牧的位置，还是需要一点能耐的。可惜，刘璋没有继承刘焉的基因，他没有刘焉该出手时就出手的魄力和狠劲儿。事实上，刘璋是个温和仁慈的人，这样的人遇大事则徘徊不决，优柔寡断，妇人之仁。

如果放在今天，刘璋倒可以算得上是个好人。只是，在东汉末年那个特定的时代，需要的不是好人，需要的是能成大事的英雄。刘璋没有英雄的才干，却在乱世割据一方，坐拥益州，旁人看了是会流口水的。很快，就有人打起刘璋的主意来了，因为，益州实在是块好地方。

刘璋承袭刘焉之位，驻守汉中的张鲁却不将刘璋放在眼里，骄傲放纵，不服刘璋指挥，刘璋因此杀了张鲁的母亲和弟弟，两人成为仇敌。刘璋的部队屡次被张鲁打败。张鲁不服刘璋指挥,两人成仇,这可谓是内忧,可就在这节骨眼上,孙权也瞄上了刘璋,欲取得益州。

刘璋任益州牧时,赤壁之战刚发生不久。周瑜见刘璋受到张鲁侵扰,就去拜见孙权,向孙权建议夺取益州。孙权考虑,益州险要富饶,自己不取,别人就取了,要是曹操修整好,攻取下汉中、益州,那么自己恐非其敌,迟早会被吞并,于是就同意了周瑜的建议。孙权同意出兵益州后,为了保险起见,邀请刘备共同出兵。

诸葛亮曾在其著名的《隆中对》中帮刘备分析天下形势,里面有这样一句"益州险塞,沃野千里,天府之土,高祖因之以成帝业。刘璋暗弱,张鲁在北,民殷国富而不知存恤,智能之士思得明君",意思是,益州地理位置险要,肥沃的土地绵延千里,汉高祖刘邦依据它成就帝王之业,如今,刘璋实力薄弱,张鲁又在北面侵扰,百姓殷实国库富足却不知道体恤珍惜,有才能的人都希望有明君过去统治。刘备听过诸葛亮的分析,当然知道益州的价值,如今,孙权邀他共同攻打益州,理应同意才是。但是,刘备却拒绝了,他心里有着自己的打算。

荆州主簿殷观在孙权遣使邀刘备共取益州的时候,向刘备进言,帮刘备分析和孙权出兵共取益州的不利之处:现在益州刘璋虽然无能,但两代经营多年,还是有着雄厚的基础。如果接受孙权的邀请，作为前驱攻打益州，益州未必能攻打下来。这时孙权出兵在后，如果被刘璋的军队和孙权的军队乘机夹击，那就太不划算了。现在的办法是假意同意孙权攻打益州，但我们不出兵，只说刚占领许多州县，社会不稳，还需要时间调整，不能轻易出动。孙权离益州比较远，他一定不敢独自攻打益州，如果这样行事的话，就算孙权攻打益州，我们也能坐收渔翁之利。刘备一想，殷观说的很对，孙权和益州之间夹了一个荆州，他如果攻打益州，一定要先越过这道防线，就算他打下益州，自己可以近水楼台先得月。利害关系一想明白，刘备就有了主意了。

刘备给孙权回了一封信，"备与璋托为宗室，冀凭英灵，以匡汉朝。今璋得罪左右，备独竦惧，非所敢闻，愿加宽贷。若不获请，备当放发归于山林"。刘备实在是说得很动听，自己与刘璋都是汉朝宗室，希望凭借先辈英灵，努力使汉朝复兴。现在刘璋得罪了您，我只有感到惊惶恐惧，不愿听到这种事，希望您能宽恕他。如果我的请求得不到您的允许，我只好逃到山里当隐士去。刘备拒绝孙权共同取益州的邀请后，原来到江陵准备出征的周瑜也病逝了，孙权十分伤痛，便取消了攻取益州的计划。

此时的刘璋，正在成都城内怡然自乐，却不曾想到自己的地盘已经被孙权和刘备给惦记了一回了。一个小孩子拿着珍宝在闹市上晃悠,是要被他人觊觎的;才能普通的人拥有不符合自己身份的地位,是要被他人惦记的。而才智平庸的刘璋,手握着益州这块美玉,周围列强环伺,他当益州牧的日子也快到头了。

养只老虎当宠物

刘璋承袭先父职位，占据益州美地，周边的孙权、曹操、刘备等人都有鲸吞之意，只是基于各方力量的平衡和制约暂时没有下手。刘璋虽然无能，然而凭借益州险要，在数年内守土不动，亦足以自保。然而，汉献帝建安十六年（公元211年），刘璋却派遣法正邀刘备入川帮他抵御曹操，消灭张鲁，这对于刘备来说，无疑好比天上掉下一块大馅饼。

这一年，曹操派遣钟繇讨伐张鲁。张鲁此时与刘璋已形如水火，张鲁占据汉中，侵扰益州北部，对刘璋构成威胁。曹操派兵讨伐张鲁，若能一举成功，则可消除张鲁对益州的威胁，刘璋本应感到高兴的。可是，唇亡齿寒，刘璋虽然无能，还不算太傻，他素知曹操此人雄心勃勃，意在一统天下。张鲁虽然对益州构成威胁，但其实力不强，还吞不了益州，而曹操坐拥雄兵百万，手下谋士众多，后方地域辽阔，势力庞大。汉中是益州的屏障，军事位置重要，曹操要是铲除掉张鲁，乘机进攻益州，益州就危险了。

自从听到曹操派钟繇等人前往汉中讨伐张鲁的消息，刘璋就一直心事重重，饮食无味。刘璋的表现被张松看在眼里，张松是个聪明人，他猜测到刘璋是为了曹操而心怀恐惧，心理一盘算，便打起了歪主意。张松此人被曹操羞辱过一回，甚恨曹操，而刘备和曹操作对，是天下皆知的。张松想要报复曹操，又见刘璋懦弱无能，心想自己满腔才干在刘璋手下是得不到施展的，便打起了卖主的心思。张松想干什么呢？他想把刘备给请进益州。

张松要想实现迎刘备进益州的目的，还得准备一套说辞。他稍微酝酿一下，便有了主意。张松先套刘璋的话，他对刘璋说："刘豫州，使君之宗室而曹公之深仇也，善用兵，若能使之讨鲁，鲁必破。鲁破，则益州强，曹公虽来，无能为也！"意思是，刘豫州，是您的宗亲，也是曹操的大仇人，善于用兵，如果让他讨伐张鲁，张鲁必败。张鲁败，则益州增强，曹操即使来了，也无能为力。刘璋的这段说辞，来自《三国志》里的记载，《资治通鉴》上除了上述大致相同的话外，还有这样一句"今州诸将庞羲、李异等，皆恃功骄豪，欲有外意。不得豫州，则敌攻其外，民攻其内，必败之道也"。

张松的话，并不是完全胡编乱造，除了撺掇刘璋、夸奖刘备的部分外，基本都来自益州实情。原来，刘焉进益州上任益州牧的时候，为了巩固势力，依靠外来人口及外面流浪进益州的人组成一支军队，并收容了一批同样不是益州本地人的谋士。这批人组成了东州集团，和蜀郡土生土长的益州人对抗。外来的东州集团统治本地的益州集团，自然会产生不少矛盾。事实上矛盾还很激烈，刘焉在世的时候就曾镇压过一次益州集团的反叛，刘璋继位后又镇压了一次。祸起萧墙，这是一件很可怕的事，刘璋最怕的就是本地势力的反叛。曹操讨伐张鲁，刘璋就怕内部人和曹操联合，一起攻打他。张松正是看准了刘璋担心之处，适时给刘璋开出一剂包裹在糖丸里的毒药。

刘璋急得一筹莫展之时，听了张松给他出的主意，紧缩的眉头也舒展了不少。请刘备进益州，有三利。一利是，汉中张鲁早已不服刘璋指挥，与刘璋已成为仇敌，让刘备打下汉中，既可作顺手人情，将汉中给刘备，让刘备感激刘璋恩德，又可以消灭张鲁，消除张鲁对益州北部的威胁；二利是，刘备与刘璋同为一脉，且刘备与曹操是有目共睹的仇敌，刘备据守汉中，可以帮刘璋挡住曹操，延缓曹操攻击益州的时间；三利是，益州集团虽然存在不稳定元素，反对东州集团的统治，可刘璋还是名义上的益州牧，益州集团虽欲造反，也要思考齐全，如果刘备占领汉中，则可与刘璋互为支援，蜀中诸将看在刘备威名，必然会消去造反之欲。刘璋想得很美，于是，他同意了张松的建议。

此时，刘备正屯驻在江陵，刘璋听信张松的建议，派法正率四千人到江陵迎接他。刘璋手下，虽然有张松那样背主卖主的小人，却也不乏忠诚之士。主簿巴西人黄权听说刘璋要请刘备进益州，劝谏刘璋。黄权本是一番好意，刘璋却不听，还把黄权调任广汉县。从事广汉人王累，也把自己倒吊在成都城门上来劝阻刘璋，此时的刘璋下定主意，还是不听。刘璋听不进谋士意见，黄权等人反而受到责罚，于是，无人敢言。法正就这样带领四千人马，开拔前往江陵。

法正，字孝直，是扶风郿县（今陕西南郑县）人。汉献帝初年，天下饥荒，法正与同郡人孟达一起进入四川投靠益州刺史刘璋，来了很长时间以后才做了新都县令，后又被召回任军议校尉。法正不被刘璋重视，早有不忿，后又被同来益州客居的老乡说了很多坏话，说他名声不好，更是自觉郁郁不得志。法正与张松情谊素笃，二人交好，常在一起议论时事，谈到刘璋，两人深感"不足与有为，常窃叹息"。法正身在刘璋门下任职，却对主子素有不满，鄙薄刘璋为人。就是这样一个人，如今却被派去迎接刘备进益州，他要是不乘机兴风作浪，也是怪事。

法正来到江陵，先是转达刘璋邀请刘备进蜀的意思，再将刘璋贬了一顿，将刘备夸了一顿，最后进入正题，游说刘备。刘备听了法正的话，犹疑不决，不知道怎么表态。取代刘璋执掌益州固然是刘备所愿，然而，刘备一向是以仁厚形象示人的，如今要他公开表示对付自己的族兄，实在不好意思出口。

就在刘备犹疑不决之时，庞统向刘备进言了："荆州荒残，人物殚尽，东有孙车骑，北有曹操，难以得志。今益州户口百万，土沃财富，诚得以为资，大业可成也！"意思是荆州荒破残败，人才已尽，且孙权、曹操虎视眈眈，难以一展所长，如今，益州户口众多，土地肥沃，财产丰盛，如果得到益州作为资本，则大业可成。庞统疑惑，这样的好的机会，刘备怎么还不出手？

其实刘备还记着上次孙权邀他共取益州的事情。他认为，如果对法正明确表态，则无疑背离了信义二字。刘备可是凭表面的信义二字取得威望和天下人的敬仰的，他觉得现在因为益州而把脸上戴着的信义面具扯下来，有点不太划算。庞统听了刘备的回答，已经明白刘备不进军益州的心理障碍是什么，就再次劝说刘备。刘备本来就不是陈腐古板的人，他之所以犹豫不去益州，不过是因为要面子而已，害怕今后无法再在手下人面前表现信义。如今，法正主动向刘备献计谋取益州，又有庞统一再劝说，场面上的仪式已经走得差不多了，就同意了庞统的看法。

刘备准备进军益州了，可才取得不久的荆州还得防守，于是，刘备留下诸葛亮、关羽等守卫荆州，任命赵云兼任留营司马。荆州的防卫布施工作结束，刘备放心地率领几万步军向益州出发。刘备向益州进军的路走得很是舒坦，每到一地，都有酒食招待，因为刘璋命令沿途各郡县为刘备提供所需物资。就这样，刘备进入益州境内，好像回到自己家中，刘璋前后赠送的各种物资数以亿计。刘备到达巴郡的时候，巴郡太守严颜拊心长叹："此听谓'独坐穷山，放虎自卫'者也。"严颜认为，刘璋请刘备进益州，还沿途供给物资，这就好比在放出老虎来保护自己，却不知老虎是会伤害主人的。

一路走走停停，最后，刘备自江州向北从垫江水到达涪县，距成都只有三百六十里。刘璋原来就没打算让刘备进成都，因此，他率领步兵、骑兵共三万多人，声势浩大地前往涪县与刘备相会。双方一见免不了互相寒暄，述说情谊，而刘备手下的将士也与刘璋手下互相拜访，设宴欢饮一共持续了一百多天。

刘璋前往涪县与刘备相见期间，还有段小插曲。张松让法正告诉刘备，在与刘璋相会的地方袭击刘璋。张松与法正出卖刘璋到这种地步，实在令人感叹刘璋缺乏识人之能，没有用人之才。庞统也向刘备献策，趁着与刘璋见面的机会把刘璋抓起来，这样就可免动干戈，轻易取得整个益州。刘备以为"此大事也，不可仓卒"，没有采取张松和庞统的意见。如此看来，刘备还是有远见的。毕竟，刘璋此时对刘备万分礼待，如果贸然下手，则容易背负不仁不义的罪名。此外，刘璋带了三万多人马，要是刘璋部下不以刘璋为念，就算把刘璋擒拿到手，也免不了一场战事，身在益州险地，毫无外援，是很危险的一件事。

在益州期间，刘璋上书推举刘备代理大司马，兼任司隶校尉；刘备也推举刘璋代理镇西将军，兼任益州牧。刘璋增加了刘备的兵力，让他进击张鲁，又让刘备督统白水关军队。刘备将军队合起来共有三万多人，车辆、铠甲、器械、物资、钱财尽皆充足。

刘璋软弱无能，不能择贤任能，无力守土，却将希望放在刘备身上，派法正迎刘备进入益州，期盼刘备消灭张鲁，抵御曹操，镇服蜀中诸将。这无疑是引狼入室，放虎自卫。刘备接受到刘璋的物资和军队补助，实力大增，但他却并没有去与张鲁实际作战，很快，刘璋将因迎刘备入益州的错误，付出巨大的代价。

两兄妹的计谋

刘备进入益州,得刘璋补给,实力大增,却惹恼了江东孙权。孙权邀刘备共取益州,被这位妹夫以礼信等一套冠冕堂皇的话拒绝,如今,刘备引军自进益州,无疑是在孙权心头燃起一把怒火。孙权将妹嫁给刘备,不过是一场政治联姻,孙夫人刚毅好武,刘备患其"生变于肘腋",一直心存提防。果然,在刘备屯驻益州的时候,孙权和孙夫人兄妹联手,上演了一出"孙权荆州迎妹,孙夫人欲带刘禅归江东"的好戏。

刘璋将刘备迎入益州,想要刘备去攻打张鲁,刘备却先向刘璋要军备、物资补给,暗中积蓄实力,过了许久才带领军队向北开拔,到达葭萌。刘备到达葭萌后,也并不立即讨伐张鲁,而是在当地广施恩德,以收取人心。刘备的这点小动作,背后隐藏的意思能瞒得过刘璋,却瞒不过政治经验丰富的孙权。孙权一眼就看出，刘备在等待时机，保存实力，企图独取益州。孙权对妹夫的这种行为感到愤恨。孙权觉得，刘备满口仁义道德，拒绝他合取益州的建议，如今却独自进军益州，收买人心，是很卑劣的行为。

想到刘备在益州实力逐渐扩大，孙权就觉得不快，因为益州也是孙权一直盯着的一块肥肉，而今，这块肥肉就快被刘备取去，孙权无论如何咽不下这口气。另外，孙权又想到，刘备借去荆州数郡迟迟不还，反而招兵买马，囤积粮食，修高城墙，大有据为己有之意，就觉得更是难受。孙权并不是个只会受气的人，他决定采取行动，来警告一下刘备。可是，荆州有诸葛亮和关羽等人牢牢把守，孙权无从下手，此外，不到万不得已时，孙权也不愿意和刘备彻底闹翻，还不到派兵攻取荆州的时候。孙权反复思考，决定动用一枚棋子，一枚重要的棋子，他的妹妹，刘备的夫人，孙夫人。

孙夫人嫁给刘备，带有一定的政治联姻性质，孙权企图借此稳住刘备，谋取荆州，抗击曹操。而孙夫人此人，巾帼不让须眉，《三国志》上记载，她身手敏捷，刚强勇猛，颇有其兄风范。孙夫人手下有一百多个侍婢，个个都持刀守卫在她身边，以致于刘备和孙夫人完婚后，每次进入内室"衷心常凛凛"，心中惴惴不安。

孙夫人和刘备成亲，刘备却反而感到不安，还时刻提防着孙夫人。夫妻同榻却有异心，也是相当的可悲。孙夫人要是娇弱无力,或者是来自普通家庭的女子,刘备也许会很放心,可是孙夫人是孙权的妹妹,且爱好舞枪弄棒,这让刘备感到很不安。刘备始终觉得,孙夫人就是孙权安插在他身边的一颗定时炸弹,而且还是一个监视器,始终盯着他的一举一动,说不定什么时候一爆炸,就会把他炸得粉身碎骨。

刘备在进益州的时候,曾有过妥善的安排,就连内务方面,都有专人管理"先主以云严重,必能整齐,特任掌内事",刘备认为赵云严谨持重,小心细致,让他管理内务最好不过。派出彪悍的大将赵云管理内务,这实在有点大材小用。其实,刘备的深层含义是派赵云盯住孙夫人,让她不敢轻举妄动。从这点看,刘备也是个很小心的人。

进军益州,刘备并未把孙夫人带去,不知道是不是因为怕孙权辗转从孙夫人口中得知他在益州的一举一动的缘故。这点,历史无所记载,我们也无从考究。但不管怎么说,刘备走了,孙夫人在荆州的地位也陡然提升,无人再能约束她。此时的孙夫人,史书上记载:"先主孙夫人以权妹骄豪,多将吴吏兵,纵横不法。"孙夫人大致是依仗自己是孙权的妹妹,带领着东吴的吏民,嚣张跋扈,横行不法。由于孙夫人和刘备政治联姻的特殊性质,史书上的记载是否完全真实,不得而知,只是考虑到孙夫人喜武之性,及颇有其兄风范的特点,表现得出格一点也是很有可能。

刘备对孙夫人并无真正感情,且时刻提防着孙夫人,连进人内室都是胆战心惊,对孙夫人自然亲近不起来,就算有,也顶多是形式上的客气。另外,刘备戎务繁忙,政事繁杂,肯定不会有太多时间陪伴孙夫人。此时,刘备更是进军益州,独留孙夫人在荆州。考虑到刘备与孙夫人年龄相差很大,孙夫人此时正值妙龄,正是好动的年纪,而久居荆州,思乡之情必切。就在这样特定的时刻,孙权派出使者和孙夫人联系,让孙夫人返归江东。

《三国演义》对孙夫人回江东的经过是这样描写的,孙权派出周善,将孙国太病危的假消息告诉孙夫人,谎称国太病危,思念女儿,想让孙夫人带阿斗回江东一见。孙权利用妹妹的孝心,将孙夫人骗回江东。而《三国志》等历史著作里,对孙夫人为何带阿斗返回江东的过程没有丝毫交代,《三国志》里仅有一句"权闻备西征,大遣舟船迎妹,而夫人内欲将后主还吴",《资治通鉴》里也仅有一句"孙权闻备西上,遣舟船迎妹,而夫人欲将备子禅还吴",两本著作,表述大致相同,唯用词上有所区别,如西征和西上,但意思基本都是一样的。孙权听说刘备到益州去了,于是派出船只接妹妹回江东,而孙夫人想要把刘备的儿子刘禅一起带回东吴。

《三国志》等历史著作既然对孙夫人为何带刘禅一起回东吴的原因没有述说,我们大可以作一番推测。也许,孙夫人感觉出刘备对她的冷淡和提防,在荆州待得毫无趣味,于是写信给孙权,让孙权趁刘备进军益州之时接她回娘家。但是,孙夫人把刘禅也带回东吴的原因是什么呢？可能是孙夫人将刘禅带在身边久了，彼此产生感情，舍不得刘禅，因此想把刘禅也带走，另一方面，也许是孙夫人还想再回到刘备身边，因此把刘备唯一的骨肉刘禅带上，想增加重回荆州时被刘备接受的筹码。这主要是从人情的角度去揣度，缺少政治的成分。若是从政治的角度考虑，孙权想要给刘备一点警告，他又自知把妹妹嫁给刘备是一场政治联姻，孙夫人过的肯定不会太幸福，因此派遣使者告诉孙夫人，让她带着刘禅到荆州乘船返回江东。

以人情的角度看，我们将孙夫人也看作是重感情大于政治目的的，她缺少刘备的关爱，就想回江东娘家小住，调剂自己的心情，同时舍不得身边已带养几年的刘禅，故而欲带刘禅一起返回江东，这样的孙夫人是还想回来的。但是，历史毕竟是历史，政治毕竟是政治，孙夫人与刘备这场婚姻的性质，使得我们更愿意从政治利益的角度分析，孙夫人有乃兄之志，说明见识高远，非一般常人女子，且出身世家，受父兄熏陶，定然不甘于深居闺中。孙权素知其妹性格，故而遣使密告，让孙夫人带着刘禅返回江东。刘禅，这时是刘备唯一的骨肉，而刘备已年过五十，在三国时期已算老迈了，此时的刘备自然会疼惜唯一的儿子。孙权将刘禅操控在手中，这是对付刘备的极好的政治筹码，可以利用刘禅，取回荆州数郡或是要求其他利益。

《三国志》等正史对于孙夫人带刘禅返回江东的过程虽然没有详细描写，只是一笔带过，但是，可以判断，孙夫人在走之前,一定经过一番复杂的心理斗争,下定决心后,又周密部署,这才出发的。

孙权和孙夫人密谋,将刘禅带走,可是这番计谋却没有得逞,因为,有管理内务的赵云在一旁盯着。孙夫人带着刘禅赶到江边的时候,赵云和张飞领着军队追来拦截,又将刘禅给抢了回去,孙夫人只能独自返回江东。《三国志》中的记载是"云与张飞勒兵截江,乃得后主还",《资治通鉴》中的记载是"张飞、赵云勒兵截江,乃得禅还",两句话表述的还是一个意思。

孙权和孙夫人两兄妹劫持刘禅作为人质的阴谋失败,此后,对于孙夫人返回东吴的行踪所知寥寥,但是,孙夫人在《三国志》中并无单独传记,而刘备的其他两位夫人都得列皇后,从这点可判断孙夫人没有再回到刘备身边。正史中没有孙夫人行踪记载,野史和民间演义中却有相关记述,如《三国演义》描述"刘备猇亭兵败之后,时孙夫人在吴,闻猇亭兵败,讹传先主死于军中,遂驱车至江边,望西遥哭,投江而死。后人立庙江滨,号曰枭姬祠"。而朱国桢的《涌幢小品》也是和《三国演义》类似记载"孙夫人至此矶,闻先主崩殂,哭自沉"。野史和民间演义都将孙夫人写成是自杀的烈女。

两个死对头

汉献帝建安十八年（公元213年），江东濡须口，河中江帆如云，岸上战甲生辉，帐连百里，曹操正在展开第二次大规模的南方攻势。夜深时分，一百壮士在一位勇将的带领下悄无声息地向曹营靠近，寒刀一闪，曹兵人头纷纷落地，勇将一声冷笑，右手一挥，数十支火把划过夜色，飘落到曹营帐篷，顿时，呼救声连天。

这年正月，曹操经过充分的准备和赤壁之战后四年多的休整，再次率领大军进犯江东，攻打孙权，欲一雪前耻。而这时的孙权也已做好准备，没有赤壁之战时应敌的仓促与惶恐。

建安十六年（公元211年），孙权看重秣陵地势险要，将都城迁到秣陵，并于第二年在秣陵修筑石头城，改秣陵名为建业。孙权部将吕蒙，事先就听到曹操将再度东征的消息，建议孙权在濡须水口两岸建立城寨。孙权觉得很有道理，于是下令修筑营寨，就叫做濡须坞。应该说曹操来得很不巧，隐秘工作做得不到位，在孙权迁都并加固秣陵，于濡须口修建好城寨之时再前来攻打他。兵法上讲究乘敌不备，出其不意，曹操没有将军事情报保密工作做好，以至于江东提前数月就得知他将领兵来袭的信息，不能说不是一次失误。

濡须口是濡须山和七宝山之间的水口，地势奇险，是曹操率兵东征的必经之处，孙权选在此处修筑营寨，十分恰当。

曹操率领步兵、骑兵人数甚众，号称四十万，进攻濡须坞，孙权率领七万人抵抗曹操，双方在濡须口对峙。曹操兵力是孙权的三倍有余，孙权在兵力上处于劣势。但是曹操乃远道来征，粮草供应麻烦，且北方军队水战不熟，而孙权父子三代经营江东，得民心拥护，又是本土作战，早有准备，粮草供应方便，兵力补充快速。这样一对比，双方胜负，尚未可知。

濡须口之战，以曹操退兵而告终，因为孙权拥有董袭这样的忠义之士和甘宁这样的英勇之士。

董袭，原是孙策的部下，孙策死后，董袭又专心辅佐孙权。曹操率军进攻濡须口的时候，董袭随孙权前往迎击，孙权让董袭指挥五艘楼船镇守濡须口。夜间，濡须口突发暴风，五艘楼船倾倒下沉，董袭身边的人都撤离到快船上，请求董袭也一块撤出。董袭怒而杀之，于是没有人敢再请求，当夜楼船沉没，董袭殉职。孙权亲自穿丧服收殓他，并赐予丰厚的安葬物品。

大战光靠忠义人心并不能取得胜利，也不能让曹操退兵。可是不要忘了，孙权手下还有智勇双全的大将甘宁。甘宁年少时，便有侠义行为，在投奔孙权后更是屡建奇功，因甘宁所辖船队其帆以蜀锦制成，故甘宁又有"锦帆贼"的外号。曹操进攻濡须口时，甘宁正担任前部督之职。他受命前往袭击敌军前锋部队的营地。孙权特地赏赐米饭酒水及各种菜肴给甘宁，甘宁于是挑选了一百多部下与他们一同分享。吃完时，甘宁先用银碗盛酒，自己喝下两碗，然后盛酒让他部下的都督喝。

甘宁亲自给部下盛酒，大有饮完此酒，便得以性命相酬之意。甘宁虽然英勇不畏死，却无法保证手下的都督不怕死。都督清楚此次奇袭行动很可能一去不归，因此匍匐在地上，不肯立即喝下甘宁盛的酒。都督没有舍生取义，用性命守疆卫土的情操，甘宁十分生气。甘宁抓起一把快刀放在膝上，呵斥都督道："卿见知于至尊，孰与甘宁？甘宁尚不惜死，卿何以独惜死乎？"甘宁的意思是，你受主上知遇的程度，怎么能比得上我甘宁，我甘宁尚且都不怕死，为什么单单你怕死。都督见甘宁面色严厉，便起身道谢喝下那碗酒，都督以下所有的士兵也都喝下一碗酒。到了二更天，甘宁领着百名手下，分乘百骑，前往曹操前锋军队营垒偷袭。

曹操率领着四十万军队屯驻到濡须口，旌旗蔽天，盔甲如云，营帐连绵直到数里之外。二更以后，正直夜深，曹操的前锋军队守卫也已松懈，没想到甘宁居然敢仅率百名骑兵前来偷袭。甘宁带领士兵顺利地进入营帐，百余骑兵小心谨慎，下手轻快，斩杀曹操前锋部队千人，又放火燃烧曹军帐篷，大造声势，曹操的前锋部队惊起，不明所以，只以为敌军来袭部队众多。甘宁等人趁乱退走，回到驻地清点人数，仅折损几人而已。曹操攻取江东时，不忘在民间大造舆论，宣扬孙权必败，对江东士气产生一定影响，而之前，曹操部队又打了几次胜仗，江东士气益发低落。甘宁偷袭曹操前锋部队成功，又使士气回升，将士奋勇争先，抵御曹操。

曹操四十万大军在濡须口与孙权七万军队相持一个多月，始终不能取得决定性的胜利。劳师远征，开销巨大，曹操逐渐萌生退意。此后，曹操日常巡视时，观望孙权水路诸军阵容，只见孙权的战船、武器精良，军队严整，叹息道："生子当如孙仲谋；如刘景升儿子，豚犬耳！"曹操是三国末期的奸雄，如今，他却将孙权大大称赞了一番，认为有儿子应该像孙权一样，足见孙权的才能的确出众。

曹操看到孙权军队齐整，武器精良，进攻一月未果，江东士气益发兴旺，而曹军却逐渐气馁，属下部队攻击孙权部队的次数也减少。孙权观察到了曹操的变化，他也不想和曹操继续对峙下去，就写了一封信给曹操，说："春水方生，公宜速去。"孙权告诉曹操，春天到了，冰水消融，江水就要上涨，您应当赶快撤兵。孙权的言外之意是，江东精悍的水军很快将能大展所长，您啊，还是从哪儿来回哪儿去的好。

孙权一方面警告曹操，另一方面，也表达出他对曹操军事、政治实力的敬佩，他另附了一张纸和信一同送给曹操，上面写着："足下不死，孤不得安。"孙权认为，只要曹操不死，他就不能得到安宁，可见孙权将曹操视为头号劲敌。曹操见了孙权的信，对部将们说："仲谋不欺我。"曹操的话，也有两层含义，一层是他意识到了春水上涨对己方不利，的确是退去的好，另一层是认可孙权"足下不死，孤不得安"这句话，自觉自己是孙权的强劲对手。曹操既自负，也有自知之明，率领军队撤回北方。

濡须口一战，是曹操和孙权两位老对手的第二次交战，曹操率领大军来袭，攻破孙权设在长江西岸的营寨，孙权部下公孙阳都督被擒。却在濡须坞被阻月余，不得前进，最后无功而返。吕蒙远见之明，董袭伺主之忠，甘宁奇袭之勇，都在此战中得以凸显，由此可见，江东虽小，但人杰地灵，曹操想要在短期内攻下东吴绝无可能。

怪我眼瞎看错了人

汉献帝建安十八年（公元213年），刘备率领刘璋补给的部队，回转头来袭击刘璋，要塞白水关毫不费力即被刘备凭借白水关军队督统的身份取去。此时，成都，益州牧府，刘璋正在内室来回踱步，脸上布满仇恨与狰狞，他未曾想到，他所看中并资助的刘备竟然不顾信义反噬于他。

益州葭萌，刘备已经在此收买人心，保存实力一年有余了，依照手下谋士庞统等人的帮助，刘备广结当地贤士，摆出一副仁政爱民的架势，逐渐扎稳脚跟。刘璋授予刘备白水关督统的身份，令白水关诸将听命于刘备，这给予刘备相当的便利。刘备经常设宴款待白水关诸将，使得白水关守将杨怀、高沛信服。刘璋"速攻张鲁"的托付，刘备一点都没办到，一年有余，没与张鲁大战一次，只是以各种理由向刘璋要求补助，刘备部下军队万人的给养，数目相当庞大，极大地增加了益州人民的负担。

刘备在葭萌，虽然未攻张鲁，但也不至于掉过头来攻击刘璋，至少，刘备和刘璋还保持着表面的友好。但是建安十八年（公元213年），曹操率领步、骑军队号称四十万，第二次大规模的征讨江东，这件事间接加速了刘备和刘璋的交恶。

曹操再次征讨孙权，孙权派遣使者向刘备求援。此时，刘备还是孙权名义上的妹夫，碍于面子关系，刘备本想形式上地表示一下。可是，刘备转念一想，曹操大军征吴，往返路途路经荆州，若是孙权被打败，荆州就危险了。退一步说，曹操若是以攻打孙权为幌子，突然改为攻打荆州，荆州就更危险。通过赤壁之战后的经验，刘备已清楚孙权和自己是唇齿相依的关系，孙权不保，荆州这块肥肉也将很快会被曹操吞入腹中。刘备虽然不关心孙权的死活，但却在乎他自己目前唯一的一块地盘，荆州。

刘备想向东进军，回援江东，守住荆州，但是，军队补给尽靠刘璋，刘璋交代的任务却尚未完成，刘备还得拿出一套好说辞。刘备派人告诉刘璋说："曹公征吴，吴忧危急。孙氏与孤本为唇齿，又乐进在青泥与关羽相拒，今不往救羽，进必大克，转侵州界，其忧有甚于鲁。鲁自守之贼，不足虑也。"这段话的意思是说曹操征讨东吴，孙吴忧患危急，孙氏和我刘备是唇齿相依的关系，再加上乐进在青泥与关羽相持，如今不前去救援关羽，乐进一定大胜，得胜后转而侵扰益州边界，这种忧患超过了张鲁。而张鲁是个自保自守的贼寇，不值得忧虑。

明明是放心不下荆州，却偏偏要表现得处处为刘璋着想，说什么之所以回去救援关羽是为了让乐进不得胜从而无法侵扰益州。刘备一方面将刘璋恐吓了一番，您要是不允许我回救关羽，关羽被乐进打败了，曹操军队就会借机侵扰益州，曹操的实力您是知道的，您对他的忧患想必超过张鲁吧。另一方面，刘备又宽慰刘璋，张鲁是个只知自保的贼寇，我就是回军向东，他也侵扰不了您，您不必为此忧虑。

刘璋又被刘备的满篇谎话骗住，同意了刘备回军东拒曹操的请求。但是，刘备不满足于此，他还向刘璋要求一万兵众及若干军用物资。刘璋虽然觉得刘备未曾给他扫平张鲁，如今又向他要兵要钱要粮，有所不妥，可是鉴于刘备是打着为益州安危着想的旗号，也不好意思拒绝，就仅将兵众数量打了折扣，物资减半，交给刘备。刘备未替刘璋办实事，却又凭白获得四千兵众，众多物资，十分满意。

刘备遣使向刘璋要求回军东拒曹操的事情被张松知道了，张松就给刘备和法正写信，劝说刘备，"今大事垂可立，如何释此去乎！"刘备要回军荆州，张松立刻劝谏，可以看出，张松已完全将一片忠心托付给刘备。张松的哥哥是广汉太守张肃，张肃知道了张松给刘备写信的事，他害怕祸患殃及自己，就向刘璋告发张松的阴谋。

刘璋得悉张松密谋事刘备，心中很是痛苦。刘璋自知才干不足以守土，因此将仁德著于天下的刘备请进益州，指望刘备帮他攻打张鲁，抵御曹操，镇服蜀中诸将。刘备进入益州后，要兵给兵，要粮给粮，补养特别丰厚，可是刘备却屯兵不前，暗地收服人心，还与张松秘密联系，原来图的是益州！刘璋认为刘备同为皇室一脉，值以托付大事，对待刘备可谓是恩深义重，虽然这其中夹杂了利益的成分，但刘璋自认是对得起刘备的。然而，刘备，刘璋相信的人，以仁德信义著于天下的人，竟在背后筹划着如此巨大的阴谋。刘璋的内心煎熬不已，难以平静，更让他生气的是，益州别驾从事张松，自己身边的亲信、谋士，去卖主投敌。邀刘备进益州可是张松出的主意，张松蓄谋如此之久，刘璋却被蒙在鼓里，他实在难以忍受。

刘璋是个沉不住气的人，他并没有采取与刘备虚与委蛇，继续假装交好，暗中收拾刘备、张松的方法，而是选择将自己的心思摆在明处让人看。刘璋将张松逮捕斩杀，并下令给戍守白水关的诸将，不要给刘备发送文书与他联络通信。张松被刘璋斩杀，消息很快就传到刘备处，刘备知道刘璋已经得悉自己欲图益州，再好的掩饰也无济于事，再用仁义道德一类的话欺骗刘璋来图谋更多的利益已经不可能了。刘备刚到益州时，法正、庞统等人劝他直接挟持刘璋，刘备一方面碍于仁义之名，另一方面害怕事情未成没有出手。可如今，刘璋已知悉事情的全部经过，面子既然已经撕破，刘备也就不再假装做作。刘备决定有所行动。

关于刘备开始正式与刘璋为敌的记述,《三国志》将它归结为刘璋斩杀张松,让刘备感受到威胁,与刘璋的矛盾开始形成,"于是璋收斩松,嫌隙始构矣"。其实,刘备与刘璋的矛盾早就有了,诸葛亮曾经为刘备写《隆中对》分析天下大势,将刘璋贬低了一番,称刘备应替代懦弱无能的刘璋取得益州,从而拥有三分天下、逐鹿中原的资本。刘备是曹操口中的天下英雄,"今天下英雄,唯使君与操耳",其志非小,自己也能看出益州的重要性。刘备要想取得益州,就必须驱逐刘璋,刘璋自己肯定是不会自动让位的。刘璋不愿让位,刘备要取得益州,这就是矛盾。矛盾从刘璋继位后,刘备要取得益州的那一天就开始了。只是,刘备一直将野心深藏在心里,而张松被斩杀这一事件,将刘备的野心激发出来,使矛盾彰显天下。

刘璋下令戍守在白水关的诸将,不要给刘备发送文书与他联络通信,白水关的将领依照刘璋的旨意行事。刘备借口此事,大发脾气,召见白水关军督杨怀,责备他对自己无礼,将杨怀斩杀。然后,刘备派遣黄忠、卓膺统兵杀向刘璋,刘备自己直接进入白水关内,以守卫白水关的刘璋将士的妻子为人质,领兵与黄忠、卓膺等人进军至涪城,占领了该城。"乃使黄忠、卓膺勒兵向璋。先主径至关中,质诸将并士卒妻子,引兵与忠、膺等进到涪,据其城。"

庞统在刘备驻守葭萌的时候,向刘备献策取益州,计分上、中、下三种。上策是，暗中挑选精兵，偷袭成都。刘璋缺乏军事才干，对刘备又没防备，如果大军突袭成都，就可以一举拿下益州；中策是，利用白水关守将杨怀、高沛对刘备英名的景仰，智擒二人，进而兼并白水关守军，回军攻取成都；下策是退守白帝城，联合荆州再慢慢为夺取益州做准备。刘备觉得中策更具可行性，也较为稳妥，他胜利占领涪城，正是靠的庞统提供的中策。

刘备既有张松做内应，又有庞统出谋划策，从而在益州扎稳脚跟，最后因为张松被斩杀，阴谋败露而与刘璋彻底决裂，并凭借刘璋提供的补给和授予的身份，顺利占领白水关，最终攻下涪城。可叹刘璋没有识人之明，才会被张松、法正蒙蔽，相信刘备。刘璋得悉刘备欲图取益州的阴谋，却不能沉住气，直接斩杀张松，使得刘备警惕，加速决裂的进程。刘璋既缺少才干，又少涵养，更有手下谋士的背叛，这大概是天意要让刘备取得益州。

凤落落凤坡

雒城外的一条小路,数千军队缓缓行进,当前一匹白色骏马,坐着一位神情倨傲之士。军队前行至一处坡前,突然路旁的杂草堆和乱树丛中万箭齐发,如雨而至,战马受伤,嘶鸣不已,就在一片惊呼声中,白色骏马上的倨傲之士身中数箭,跌下马去。汉献帝建安十九年(公元214年),刘备围雒城,谋士庞统死于流矢,时年三十六岁。

刘备顺利攻取涪城,继续向成都推进,沿途各地诸将望风而降。刘璋派出冷苞、张任、邓贤等将在涪县南抵御刘备,全被刘备军队打败,退守绵竹,刘璋又派李严、费观督统绵竹诸军,李严、费观却又率众投降刘备,刘备的军力更加加强。刘备进而派出属下诸将平定益州下属各县,其他各县大都顺应形势,投降刘备,只有广汉县黄权闭城坚决抵抗。

益州从事郑度在听闻刘备起兵的时候，曾经对刘璋献计。郑度的计策十分毒辣，刘备听到郑度如此献计后，感到很是忧虑，向法正请教意见。法正在刘璋手下任职数年，对刘璋的性格捉摸得很清楚，宽慰刘备："璋终不能用，无忧也。"刘璋的反应果然如法正所说，他并没有采取郑度的说法，《资治通鉴》上记载，刘璋对他的部下说："吾闻拒敌以安民，未闻动民以避敌也。"刘璋认为，抵挡敌人以保护百姓才是正理，而迁徙百姓来躲避敌人，使得百姓不能安居乐业，这样做是不应该的。由刘璋的话可以判断，刘璋对待百姓还是很仁德的，这在天下安定之时是美德，但在三国末期却成了刘璋的死穴。刘璋拒绝了郑度的建议，也失去了打败刘备、把刘备赶出益州的唯一机会。

绵竹告破后，刘备率领大军直抵雒城，开始了长达一年的雒城攻坚战。雒城是攻破成都的最后关卡。刘备若攻破雒城，成都便告危机。因此刘璋在雒城投下重本，当时守卫雒城的是刘璋的儿子刘循。刘循清楚，能否守住雒城直接关系到他是否能继承刘璋益州牧之位，因此守卫相当卖力，督促部下十分勤奋。辅助刘循守城的还有刘璋手下的名将张任。据史书记载"张任，蜀郡人，家世寒门，少有胆勇，有志节，仕州为从事"。

此时，雒城的形势相当严峻，可谓是四面楚歌。刘备在率军攻打刘璋后，遣使要求诸葛亮入蜀支援。诸葛亮独留关羽镇守荆州，带赵云和张飞等一干猛将一起逆长江而上，平定沿途郡县。诸葛亮等人带领军队达到江州。在江州张飞生擒巴西太守严颜，严颜坚贞不屈，拒不投降，张飞佩服严颜胆魄，以礼相待，严颜最终归附。此后，诸葛亮派遣赵云平定江阳、犍为，从南面迂回包抄成都，命张飞北上，平定巴西、德阳同时防御汉中张鲁，诸葛亮自己则取道德阳直奔成都。益州各地军情吃紧，雒城若能挡住刘备的猛烈攻势，则能振奋益州军心；雒城如果挡不住刘备攻势，则成都破城之日指日可待。

刘备在雒城附近扎下营寨，经过缜密部署，向刘循和张任挑战，但张任深明兵法之要，他知此时，刘备刚胜利取得涪城、绵竹等城池，手下部队士气正旺，现在还不是与刘备正面交锋的时候，因此，紧闭城门，坚守不出。雒城城墙高大，很难攀爬，对防守非常有利。且张任又派兵在城墙四面轮班严密防守，加固城池。刘备一时攻取不下，双方顿时形成对峙状态。在相持期间，刘备使用投石机，云梯等多种工程器具攻城，都被张任抵挡住，双方死伤惨重。

就在刘备攻取雒城数月不下之时，诸葛亮、张飞等人却进展迅速，攻营拔寨。法正借机给刘璋写了一封信，劝降刘璋。法正告诉刘璋："雒下虽有万兵，皆坏陈之卒，破军之将，若欲争一旦之战，则兵将势力，实不相当。"雒城的万人大军多数是败兵，士气低落，实在不能和刘备抗衡。法正将雒城的军队形容为败兵败将，接着又从粮食储备对比的角度来打击刘璋的信心，他写道，如果要根据粮草储备的多少来计算守城时间长短的话，那么刘将军一方营垒已经坚固，粮食储备已经充足，而刘璋这一方土地日益减少，百姓一天天陷入困境，后勤补给一天比一天困难。接着，法正又将诸葛亮、张飞等分三路进军巴东、犍为、资中、德阳的形势分析给刘璋听。总之，信中的内容全是彰显刘备一方神勇，刘璋一方衰颓，希望刘璋能够乖乖地出城纳降。

对于法正的劝降信，刘璋没有回应，他还在观望，雒城未破，刘璋还存着最后一丝希望。刘璋期待着，刘备折羽雒城。

实际上，法正将雒城的士兵形容为被击溃的士兵，将雒城的将领形容为败退的将领未免过于夸大。刘备率领斗志昂扬的军队，进攻被击溃的士兵和被打败的将领，却仍连攻数月不下，这不但不能说明雒城士兵和将领的无能，反而证明他们是很有实力的。就在法正的劝降信发出不久，刘循和张任再次用事实回应，雒城的将领是优秀的将领，雒城的士兵是精锐之师。

刘备久攻雒城不下，心中焦虑，庞统为解刘备之忧，督军死战，就在又一次进攻雒城的攻城中，庞统被乱箭射杀，含恨身亡。"进攻雒县，统率众攻城，为流矢所中，卒，时年三十六岁。"庞统在刘备进军益州的过程中，为刘备提出不少好的建议，为刘备建立蜀国王朝居功至伟。只可惜号称"凤雏"的庞统，未能亲睹刘备取得益州三分天下，便英年早逝。刘备对于庞统的死感到非常痛心和惋惜，每提到庞统都止不住涕泪涟涟。"先主痛惜，言则流涕。"

《三国志》等著作中，没有庞统被乱箭射伤的详细细节。罗贯中却在《三国演义》中,将庞统的死写得精彩绝伦。《三国演义》中,记述诸葛亮观星预知不详,遣使告知刘备,刘备欲自回荆州,庞统认为诸葛亮怕他独得攻取益州的功劳,因此力阻刘备,刘备遂打消回荆州之意,同庞统率军攻取雒城,庞统让刘备行大路攻雒城,自取小路,在行军时,庞统所乘战马失足,刘备因此将自己所乘的卢马换与庞统。庞统取小路,行经落凤坡,自觉道号"凤雏"与地名相冲,急令退军,久久埋伏在此的张任见庞统所乘战马,以为是刘备,下令放箭,乱箭如雨,庞统退避不及,中箭身亡。庞统在落凤坡中箭身亡,凤落落凤坡,正应了该处地名。

《三国演义》属民间演义,庞统凤落落凤坡的记述未必属实,但是根据正史,庞统在攻取雒城时,中箭身亡是可以肯定的。庞统,与诸葛亮并称"卧龙凤雏",在辅佐刘备攻取天下方面,尽其所能,是刘备的左膀右臂。庞统在奇谋方面更胜诸葛亮,庞统于雒城中箭而卒,对于刘备来说是巨大的损失,间接推迟了刘备建立蜀国王朝的进程。

成都是我家

汉献帝建安十九年（公元214年），成都城外，数万军队排列得整整齐齐，铁甲在阳光的照耀下熠熠生辉，刘备站在军前，下马倚剑而立，他神情严肃而又透着喜悦，炯炯的双眼凝视着高大雄伟的成都城，渐渐陷入沉思。成都城头，站满手持弓箭、长矛及盾牌的军士，空气中一片肃杀。

庞统雒城中箭身卒后，刘备气愤，攻雒城益急，雒城守军疲于防御。此后，雁桥一役，雒城守军两次战败，勇将张任被擒。"任勒兵出于雁桥，战复败。擒任。"刘备早闻张任忠诚勇猛之名，派人劝降张任，张任高呼忠诚不事二主，宁死不降，刘备不得不斩杀张任。张任一死，雒城士气衰退，很快被攻破。经过将近一年的围攻，刘备终于扫除成都的最后一道屏障。刘备攻破雒城，经短暂调养，率军复向成都进发，诸葛亮、张飞、赵云也先后领兵与刘备在成都相会。此时，刘备已占领益州大部分区域，又得诸葛亮此等谋士相助，更有张飞、赵云此等有万夫不当之勇的猛将相助，可谓志得意满。对于刘备而言，攻破成都只是时间早晚的问题。

刘备能够顺利抵达成都，固然与张松、法正做内应，庞统献奇谋，诸葛亮、张飞、赵云三路进军扫除障碍有关，但刘备还需要感谢一个人，那就是中郎将霍峻。霍峻严守葭萌城，拖住刘璋部下大量生力军，为刘备保证了后方的稳固，使得刘备无退路之忧。同时，霍峻有效地遏制住了张鲁乘机进军益州的企图。

在袭击刘璋的时候，刘备以中郎将霍峻守卫葭萌城。张鲁看出刘备与刘璋作战正是浑水摸鱼的大好时机，就派出部将杨昂欺骗霍峻，以帮助霍峻共同守城的理由要求进入葭萌城。霍峻看出了张鲁的企图，他回答道，我的头你可以得到，却别想进入葭萌城一步。葭萌城位置险要，杨昂也看出攻击伤亡必大，只得就此作罢，打消进入葭萌城的想法。后来，刘璋的部将扶禁、向存等人，率领一万余人向葭萌城挺近，围攻霍峻。葭萌城是刘备退出益州的通道，如果刘璋部将攻下葭萌城，刘备就被封锁在益州，这自然会影响刘备专心攻打刘璋。而霍峻竟然只凭借城中仅有的数百名战士，足足抵御一万多敌军近一年，并且窥伺敌人疲惫的机会，挑选精锐出击，打破敌军，斩杀向存。这简直就是东汉末期军事上以弱胜强的经典案例。

刘备抵达成都外，与诸葛亮等率军会合后，便增兵驻守进入益州的通道，防止张鲁等人进入益州抢夺地盘。一切工作就绪，刘备开始一心一意围城。此时，刘璋在成都城内的益州牧府，内心焦急如焚，他犹豫着是战是降。城外的刘备却保持着表面的镇静，即使他几乎抑制不住激动。而今，只剩下城墙的阻隔，刘备麾下铁骑就能踏入成都城内，很快就要得偿夙愿夺得益州，刘备却不那么急躁了。刘备没有下令尽快攻城，而只是将成都城围得密不透风。胜券在握，刘备不愿再徒添伤亡，他在等，等着刘璋投降。

围城却不急攻，大兵压境，人心惶惶，此时正值夏季，闷热和焦灼一起压在刘璋的心头。只是，刘璋还是愿意再熬下去的，但一个人的到来彻底压垮了刘璋的心理防线。他就是马超。

曹操在潼关将马超打败后，只追至安定便行撤军。马超深得羌人和胡人的支持，卷土重来，陇右郡县纷纷归附，只有凉州刺史韦康在冀城坚守不降。马超收拢陇西部队，又得到张鲁部将杨昂的帮助，集中一万余人进攻冀城，从正月直攻到八月，朝廷救兵也没有到。

凉州刺史韦康派别驾阎温出城，到夏侯渊处搬救兵。由于马超在城外守卫森严，阎温只得从水里游出去。马超士兵循着足迹抓住阎温，令阎温告诉里面的人，不会有救兵来。阎温却喊道："你们一定要坚持，救兵三天内必来。"城中士兵都十分感动，而阎温因为拒不投降，被马超杀害。冀城守军待援无望，于是，刺史韦康及太守不顾杨阜的劝阻，向马超献城投降。马超入城后，杀死韦康及太守，自称征西将军、凉州牧，掌管凉州地区的军政大权。

韦康死后，夏侯渊率救兵方至，马超在距冀城两百余里的地方击败夏侯渊，此时，兴国的氐人首领起兵响应马超，夏侯渊惧怕，领兵撤退。原冀城属吏杨阜不满马超的残暴、逃出城投奔驻军历城（今甘肃西和北）的表兄抚夷将军姜叙，他们联络赵昂、尹奉、李俊等人，商量着合力消灭马超，为韦康等报仇雪耻。他们联系梁宽、赵衢做他们的内应。九月，杨阜与姜叙率兵袭击卤城，赵昂、尹奉进兵占据祁山城。在赵衢的怂恿下马超亲自带兵还击。等他一出城，赵衢和梁宽立刻紧闭城门。马超无路可退，杀到历城，并杀害了姜叙的老母和赵昂之子赵月。杨阜虽然受重伤，但终将马超击败。马超向南投奔汉中张鲁。

张鲁任命马超为祭酒，并有意收他为女婿。经人劝说才打消嫁女的念头。马超一直未被张鲁重用，又遭到张鲁部将杨昂等的嫉妒，一直试图谋害他，心中很是抑郁。此时刘备对成都久攻不下，得知马超被张鲁冷落，派李恢前去劝说。李恢对马超说："张鲁非明主，其臣亦不贤，且偏安苟且，不图进取，不值得与之谋，尔仇终不能报。而我主素有大志，且内心十分渴望招引将军这样的英才。若将军肯屈身侍奉我主，必将得以重用。"马超心中自有思量，权衡再三，觉得张鲁难成大事，不若早做打算，另觅贤主。于是逃到氐中，密信刘备，向其请降。

马超请降，刘备心中暗喜，刘备清楚，他的机会来了，刘备暗中派出许多士兵给马超，让这些士兵换成胡人服装。一切准备妥当，马超择日带领数千军队浩浩荡荡地开往成都城外。"超有信、布之勇"，马超有韩信、英布那样的勇猛，而胡军善于野战也是天下闻名的。马超归降刘备，成都城内为之震动惶惧，刘璋当即投降。

刘备进围成都数十日，当时城中还有精锐部队三万人，积蓄的粮食衣物也可供支持一年，成都城内官民还都想与刘备军死战。刘璋却拒绝了，他说，我们父子在益州二十多年，没有什么恩德施给百姓，如今百姓与敌人攻战三年，尸体养肥了长满青草的原野，这都是因为我的缘故啊，我于心何安呢！于是，刘璋打开城门出城投降，群臣都留下眼泪。刘备把刘璋迁到南郡公安县，归还他的全部财物，依旧让刘璋持有振威将军印绶。

刘备进入成都，设酒宴犒劳将士，把蜀城中的金银分赐给他们，接着给功臣加官进爵，同时授予有才能的降将职位。刘备兼任益州牧，任命军师中郎将诸葛亮为军师将军，益州太守、南郡人董和为掌军中郎将，并且代理左将军府事，偏将军马超为平西将军，军议校尉法正为蜀郡太守、扬武将军，裨将军、南阳人黄忠为讨虏将军，从事中郎麋竺为安汉将军，简雍为昭德将军，北海人孙乾为秉忠将军，广汉长黄权为偏将军，汝南人许靖为左将军长史，庞羲为司马，李严为犍为太守，费观为巴郡太守，山阳人伊籍为从事中郎，零陵人刘巴为西曹掾。连刘巴这种当初嫉恨刘备的人，都被安排在显要的位置，于是有志之人，无不竞相努力，发挥自己的才干。

在犒劳将士之时，有人建议刘备把成都有名的肥田沃土和住宅分给将领们。赵云劝告说："霍去病曾认为匈奴尚未消灭，不应考虑自己的家业。现在的国贼远非匈奴可比，我们不能贪图安乐。只有等到天下都安定以后，将士们重归故里，在自己的田地上耕作，才会各得其所。益州的百姓，方遭兵灾战祸，土地、田宅俱应归还原来的主人，使百姓平安定居，恢复生产，然后才可以向他们征发兵役，收取租税，以获得他们的好感；不应该夺取他们财物，以私宠自己所爱的将领。"刘备觉得赵云说得很有道理，接受了赵云的意见。

刘备在成都选贤任能，又有诸葛亮帮助治理益州，局势逐渐稳定。

刘璋投降，刘备占领成都，控制益州全境，实现了《隆中对》"跨有荆、益"的描述，刘备从此依据益州险塞，彻底摆脱东窜西逃，没有固定地盘的状况，并在这里开创了三分天下的局面。

你的就是我的

民间有句谚语"刘备借荆州——有借无还",以此形容不讲信义的行为。民间谚语中指的荆州,是荆州全境,然而,实际上,荆州有八郡,孙权借给刘备的只是南郡首府江陵。因此刘备借荆州指的就是借江陵。孙权将江陵借给刘备,目的是借刘备之力抵御曹操,一旦形势稍为稳定,孙权是要索回江陵统辖权的。但是,孙权没有想到,他要索回江陵统辖权的时候,刘备却言而无信,抵赖推脱。

江陵南临长江,北依汉水,向西可以控制巴蜀地区,往南可以通向湖南、广州,是通向七个省份的重要地区。它的地理位置十分重要。关于江陵的重要性,历史文献中有不少记载。著名地理学家顾祖禹在《读史方舆纪要》说道:"湖广之形胜,在武昌呼?在襄阳呼?抑荆州呼?曰:以天下言之,则重在襄阳；以东南言之，则重在武昌；以湖广言之，则重在荆州。"南宋吕祉在《东南防守便利》中论道："不守江陵则无以复襄阳，不守江陵则无以图巴蜀，不守江陵则无以保武昌，不守江陵则无以固长沙。"

上述都是后人对于江陵地理位置重要性的描述，但是，在三国末期，也有人认识到江陵地理位置在军事上的重要意义。诸葛亮在《隆中对》中认为：荆州北据汉沔，利尽南海，东连吴会，西通巴蜀，此用武之国也。荆州名士蒯越也建议刘表曰：南据江陵，北守襄阳，荆州八郡可传檄而定。

分析顾祖禹、吕祉、诸葛亮、蒯越的言论，结合当时实际情况，可得出江陵在东汉末年于战略上有四点意义：如果向北攻占襄阳，就可以控制江汉地区，那么曹操所控中原地区将受到严重威胁。并且如果长据在此，可以保护下游的整个东吴地区的安全；可以作为进军益州的基地，为日后占据巴蜀、汉中，形成割分天下的局面打下基础；占据江陵，可以轻易切断荆州其他数郡与中原的联系，从而平定整个荆州。

江陵的战略意义决定了它无论对于孙权还是对于刘备都是同等重要的。孙权因为要联刘拒曹，所以接受鲁肃的建议，同意刘备"请督荆州"的请求，让刘备驻兵江陵。而今，刘备已经取得益州，身兼荆州牧和益州牧两职，孙权觉得，刘备获得的利益过大，对于东吴构成威胁，况且他已经占领益州，有了自己的根据地，也应该将江陵还回，因此，派遣诸葛瑾向刘备讨还江陵。

"权以备已得益州,令诸葛瑾从求荆州诸郡",孙权派诸葛瑾要回江陵,刘备的回答是"吾方图凉州,凉州定,乃尽以荆州与吴耳"。刘备没有直接拒绝诸葛瑾,而是借口拖延,谎称正在谋取凉州,等到凉州平定,再把荆州还给孙权。

从刘备的角度分析,他认为荆州是刘表的地盘,其后,虽然被曹操攻取得数郡,但又收复不少。此后,刘备上表朝廷,任命刘表的儿子刘琦继任荆州牧,刘琦死后,又将荆州牧的头衔让给刘备,对此,孙权当时也是认可的。刘备因此认为,他作为荆州牧,都督荆州各郡是合理合法的。当然,从孙权的角度来看,在皇帝被曹操控制的东汉末年,谁有实力,谁就是天下领土的主人,江陵是周瑜带领东吴军队浴血奋战一年从曹操手上夺下来的,因此是属于孙权的。

从孙权的角度分析,孙权向刘备索还江陵不无道理,况且孙权当年将江陵借与刘备是应了刘备"请督荆州"的请求。可是,刘备是个凡事先考虑自身利益的人,他觉得他当年用"请督荆州"的措辞,是迫于形势,实际上是想夺取益州。如今事随心愿,进可出江陵上取襄阳威胁中原地区、下震慑长江下游,退可经江陵固守益州天险。如此好的地盘,刘备岂舍得轻易让人。

刘备婉言拒绝孙权索还江陵的要求,孙权听了很生气。孙权很清楚,刘备这是用虚辞拖延时间,不愿归还江陵。刘备虽然不愿意归还江陵，孙权却没有选择彻底决裂与刘备兵戎相见。孙权只是任命荆州南部三郡（长沙、零陵、桂阳）的郡县行政长官，让他们拿着委任令前去荆州上任。此时，刘备还在益州处理战后政务，驻扎荆州的是勇将关羽，关羽将孙权任命的官吏全部驱逐出境。孙权觉得，这是对他最大的侮辱。于是，孙权派遣吕蒙统领鲜于丹、徐忠、孙规率领二万军队攻取长沙、零陵、桂阳三郡。

吕蒙其人，少有胆气，精于谋略，是东吴一代名将，他亲率大军征伐三郡，三郡人心惶惶。当时，诸葛亮等人协助刘备攻取益州时带去不少军队，荆州城内除关羽亲自驻扎的江陵城外，其他地方驻守兵力不多。因此，吕蒙到荆州后，向桂阳、长沙二郡发放招降文书，二郡太守慑于吕蒙威名，迫于形势，都向吕蒙投降了，只有零陵太守郝普据城固守，不愿纳降。

刘备在益州，听到孙权派遣大军攻取荆州的消息，急忙从益州带兵赶回公安，命关羽率大军三万进至益阳，对抗孙权，争夺三郡。当时孙权驻扎陆口，亲自指挥调度各军，孙权让鲁肃率领一万人驻扎在益阳城抵御关羽。但是鲁肃一万军力相对关羽三万兵力薄弱，且鲁肃勇武不敌关羽。因此，孙权见零陵固守，恐怕一时攻取不下，就用快信急召吕蒙，让他放弃零陵，返回援助鲁肃。

吕蒙接到孙权急信时，刚刚平定完长沙，正向零陵进军，此时的吕蒙已经有了不战而攻取零陵的良计。吕蒙在向零陵进军的过程中,经过酃县。在过酃县时,吕蒙停留了一段时间,吕蒙在酃县停留,并不是因为酃县地理位置重要,要来攻取它,吕蒙只是想找一个人,南阳人邓玄之。邓玄之此人,并不是吕蒙的老朋友,但吕蒙特意来拜访他,并带着邓玄之一起进军零陵,还让邓玄之与自己乘坐同一辆车。

在战争中,速度是影响胜利的重要因素,吕蒙欲取零陵,不乘胜直进,径直奔向目的地,却在无关紧要的地方停留,拜访并不深交的邓玄之,这是什么原因呢?吕蒙作为江东的杰出将领,有其过人之处。他在攻取零陵之前,先行调查了零陵太守的社会关系,将郝普的亲朋好友掌握得一清二楚。邓玄之就是郝普的知交,吕蒙将邓玄之带到零陵只有一个目的,让邓玄之劝说郝普投降。

吕蒙接到孙权的急信,本该速回益阳,但吕蒙觉得零陵唾手可得,先取得零陵,再回程益阳绝不会耽误时间。因此,吕蒙对孙权的急信秘而不宣,在夜间召集诸将,向他们部署任务,准备第二天早晨攻城。吕蒙部署完毕,转而做邓玄之的心理工作。吕蒙对邓玄之说的话有两层意思,一是,提醒郝普无援可待,让郝普打消期盼援军的念头,从而消磨其斗志;二是,夸大吴军实力,警告郝普,他只有投降一条路,否则就会陪上自己和老母亲的性命。

恐吓完毕，吕蒙又表示出仁德的一面，显示出他对郝普的理解，"度此家不得外问，谓援可恃，故至于此耳"。吕蒙提出，郝普大概是没有得到外面的消息，认为可以依靠援兵，所以才这样据城固守。吕蒙自己将郝普拒不纳降的罪名洗刷干净，只说郝普是不明形势，从而消除郝普的戒备心和恐惧心理。吕蒙用假话将邓玄之套住，然后阐明真正的主题，希望他可以去见见郝普，给郝普讲讲其中的祸福利害。邓玄之听了吕蒙的话，只觉分析得很有道理，又关心朋友安危，就进入零陵城，向郝普讲了吕蒙的想法。郝普不明就里，只以为吕蒙说的都是真的，就同意向吕蒙投降。

邓玄之出城向吕蒙报告，说明郝普很快就到。吕蒙听了，心中暗自得意，仅以一番诓骗便可轻易得到零陵，但是，他表面仍装得不动声色。吕蒙担心郝普临时反悔，因此预先告诫四位部将，各自挑选一百名勇士，等郝普一出城，立即进城守住城门。过了一会，郝普果然出城，吕蒙大步迎上，像老朋友一样握住他的手，邀郝普一起上船宴饮，然后和郝普寒暄。就在此期间，吕蒙的部将已经把守住城门，吕蒙的军队也渐渐进城。直到这时候，吕蒙才拿出孙权的信给郝普看，并且拍手大笑。郝普看了孙权急信，才知道刘备驻扎在公安，关羽驻扎在益阳，领军数万，与江东争夺三郡，顿时愧悔交加。

吕蒙施诈计，兵不血刃取得零陵，最终夺得荆州三郡。他派孙皎留守,处理善后事宜,然后于当日马不停蹄直奔益阳。

江陵乃军事要地,进可攻、退可守,刘备得江陵还想独得荆州,不还借取孙权之地。关羽处事不当,驱逐孙权任命官吏,凌辱孙权颜面,使得孙权气极,因而引发孙权、刘备反目,双方大军相持,孙刘联盟暂告崩裂,利益的威力可见一斑。

鲁肃的单刀会

孙权派大军攻取荆州,刘备从益州返回公安,派出关羽率三万大军屯扎益阳,与孙权对抗。双方大战一触即发,这种战争,无论谁胜谁败,都将大损实力,此种结果无疑是曹操所喜闻乐见的。一向主张联刘抗曹,建议孙权将江陵借给刘备的鲁肃,却被孙权委以重任,与关羽在益阳对峙。此时的鲁肃,却也不知道如何对待孙刘的决裂。益阳,正细雨如丝,却仿佛连绵的愁绪压在鲁肃心头。

在江东阵营中,周瑜是坚决的"倒刘派",他一直认为让刘备屯扎在江陵,犹如猛虎环伺,所以即使不得已联合刘备抵御曹操,也不忘提防刘备一手。周瑜在攻打江陵时受箭伤,不久辞世。接替周瑜位置的是鲁肃,而鲁肃是"联刘派",他是主张联合刘备抗击曹操的核心人物,赤壁之战时,正因为鲁肃的坚持和建议，孙权才会与刘备达成联盟，最后打败了曹操的进攻。也正是鲁肃，主张将江陵借给刘备，从而为刘备西进益州，取得益州牧的职位创造了条件。因为孙权借刘备江陵，才有了今日刘备与孙权的纷争。

孙权将鲁肃放置在益阳前线统帅的位置，与关羽对抗，是否因为鲁肃稳重，不致轻起战端，只是借大军压境威吓刘备，让刘备让出既得利益分与孙权？史书上未见记载，我们不得而知。假如孙权将吕蒙安置在益阳前线与关羽对抗，而让鲁肃去收取长沙、零陵、桂阳三郡，那么双方有可能迅速开战，因为吕蒙也是个倒刘派。

吕蒙认为，将刘备势力赶出荆州，占领该地，东吴单方面也能抵抗曹操。据《三国志》记载，早在鲁肃代替周瑜去路口驻防，经过吕蒙军营之时，吕蒙就已向鲁肃提出对付关羽的办法，鲁肃听了，赞曰："吕子明，吾不知卿才略所及乃至于此也。"鲁肃虽然赞叹吕蒙主意高明，却因为坚持联合刘备的政策没有采纳。

假想终归是假想，吕蒙并没有作为益阳主帅，因此，孙刘双方未快速进入作战状态。鲁肃驻扎益阳抵抗关羽，他仍然秉承一贯的联刘主张，想办法阻止孙、刘两家彻底决裂，故而用温和的态度对待关羽，邀关羽会面缓和紧张的气氛。

兵家作战，最忌主将先行折羽。鲁肃欲邀关羽会见，他手下将领纷纷反对，担心鲁肃会被关羽伤害。诸将的理由是孙、刘两家如今交恶，战争一触即发，关羽有万夫莫当之勇，曾于万军丛中取颜良首级，要是他趁机伤害，这不仅对将军不利，而且会损害我军士气。鲁肃回答说："今日之事，宜相开譬。刘备负国，是非未决，羽亦何敢重欲干命！"

鲁肃遣使邀请关羽相会，双方协议各自把兵马停在一百步以外，只有双方将军带随身单刀相会。"肃邀羽相见，各驻兵马百步上，但诸将军单刀俱会。"《三国演义》中，将关羽描述成单刀直入东吴赴会的大英雄，气压东吴百官，这种说法是错误的。鲁肃在会谈中指责关羽。关羽却狡辩道："乌林之役，左将军身在行间，戮力破敌，岂得徒劳，无一块土，而足下来欲收地邪！"关羽的意思是，乌林那次战役，左将军刘备直接参战，竭尽全力打败了敌人，难道以这样的战功，却白白辛苦，不能拥有一块土地？而今，你却要来收取土地了吗？

在关羽的话中，刘备取荆州是战功辛苦所得，天经地义，而鲁肃你来收取就是无理的行为。鲁肃虽然是坚定的联刘派，但听了关羽的话也不免生气，于是声色俱厉质骂关羽，关羽自觉理亏，被鲁肃骂得无法反驳，"羽无以答"。

鲁肃与关羽的单刀会，以关羽无以答而告终，谈判未能得到实质性的进展。鲁肃始终愿意保持孙权与刘备的联合关系，不愿意加速决裂，而关羽自知理亏，对方不先出手，也坚守不战。双方虽然暂未交战，但只要刘备不愿意让出既得利益，双方早晚会大战。但是，曹操的行动却打破了双方将战未战的僵局，孙权和刘备的这场荆州争夺战没能打起来。

汉献帝建安二十年（公元215年）三月，曹操亲自率兵攻打张鲁，途中受到了氐人的阻拦，曹操派朱灵将其打败。四月，曹操在河池受阻，氐王窦茂拒不投降，五月，曹操打败了氐人并大开杀戒。西平、金城的将领共同杀死韩遂，把他的头颅献给曹操。

曹操的军队离汉中越来越近，在成都镇守的诸葛亮派人将消息传递给刘备。刘备得悉曹操大军来攻汉中，顿时坐不住了。汉中是益州的屏障，曹操如果夺取了汉中，则扼断了蜀地出关的唯一陆路，刘备从今往后只能偏居在益州一隅，再也无法进取天下。如果刘备继续与孙权交战，万一曹操隔断进益州的道路，刘备都无法返回成都。曹操若在汉中屯驻数月，部署完毕，以其作为攻取益州的前哨，那么益州将会十分危险。

战场上没有永远的敌人，只有永远的利益。刘备心知，荆州虽然可贵，但如果不让出点土地给孙权，孙权是不会罢休的，那么他自己就会陷入两线作战的危局，最坏的结果是，荆州没有保住，连刚取得的益州都被曹操攻占。刘备权衡利弊，决定与孙权议和。议和是要讲条件的，刘备派出使者送信与孙权时，首先讲好利益均分之事。

孙权不是意气用事之人，他举兵数万取荆州，却未下令正式交战，即可见一般。曹操进取汉中，直逼益州的讯息，孙权也已得到，因此，他更不急于和刘备交战。孙权知道，刘备不放心益州后方，必然会派人前来请和。请和之时，决策权在孙权一方，孙权这时想开多大筹码便开多大筹码，兵不血刃就可以得到利益，何乐而不为？更何况，在孙权眼中，刘备虽然对于江东是一大威胁，但是，曹操两次攻伐东吴，素有兼并天下之志，他的威胁比刘备更大。刘备虽然占据益州，但人心未稳，旁边又有曹操虎视眈眈，自然短期内不会有鲸吞江东之心。如果不同意刘备请和，与刘备作战，关羽等将也非等闲之辈，无法快速取得荆州，而刘备腹背受敌，不能回援益州，曹操就很有可能攻下益州。曹操消灭刘备，势力坐大，则江东岌岌危矣！孙权经过慎重考虑，决定同意刘备请求，双方息兵，掉转矛头指向曹操。

刘备请和，孙权愿和，两方夺取荆州之战终究没打起来。孙权派出诸葛瑾回报刘备，双方再次结为盟友。经过协商，孙权、刘备两方分割荆州，长沙、江夏、桂阳三郡以东地区归孙权所有，南郡、零陵、武陵三郡以西地区则在刘备的掌控之下。荆州分割完毕，刘备率领军队迅速开赴益州，抵挡曹操。

孙权与刘备的第一次荆州争夺战，鲁肃欲保持孙、刘联盟，邀关羽相见，双方单刀赴会，谈判未果，而曹操进攻汉中却使得孙、刘两方再次由敌对重归于好,又一次缔结联盟关系。刘备分出荆州数郡与孙权,以利益的割舍换得益州后方的巩固及双方重新结盟抵御曹操的机会。孙权与刘备第二次联盟,阻碍了曹操的强劲攻势,延缓曹操取得天下的进程。曹操、孙权、刘备三分天下,孙权、刘备时盟时敌的局面越趋明显。